远方旅游
JOURNEY TO HEART

U0670643

中等职业教育专业技能课教材
中等职业教育中餐烹饪专业系列教材

餐饮企业运营与管理

CANYIN QIYE YUNYING YU GUANLI（第2版）

主　编　向跃进　邱　澄

副 主 编　宋纯夫

参　编　郭小曦　秦彩凤　杨远骏

　　　　董　立　蒋　苹

主　审　蔡顺林　张　莉

重庆大学出版社

内容提要

本书共分为 7 个模块、12 个项目、20 个任务，内容涉及现代餐饮企业经营与管理，现代中餐厨房布局设计与运行管理，中央厨房运行管理，餐饮企业前台服务运行管理，现代餐饮企业成本构成，中餐厨房常用设备使用和基础维护以及厨房安全管理等。每个模块以"项目导学—教学目标—案例导入—任务布置—任务实施—课后思考"的体例来编写；以现代餐饮企业在生产经营过程中的任务运行流程、基本管理方法和理论知识为重点，兼顾实践操作技能；以培养能够胜任现代餐饮业工作，满足餐饮职业岗位要求的中等技能型人才为目标。

本书主要供中等职业学校烹饪专业和酒店服务专业师生使用，也可作为职工培训教材。

图书在版编目（CIP）数据

餐饮企业运营与管理 / 向跃进，邱澄主编. -- 2版
. -- 重庆：重庆大学出版社，2021.7（2024.1重印）
中等职业教育中餐烹饪专业系列教材
ISBN 978-7-5689-2664-5

Ⅰ.①餐… Ⅱ.①向… ②邱… Ⅲ.①饮食业—企业
管理—中等专业学校—教材 Ⅳ.①F719.3

中国版本图书馆CIP数据核字（2021）第116434号

中等职业教育专业技能课教材
中等职业教育中餐烹饪专业系列教材
餐饮企业运营与管理
（第2版）
主 编 向跃进 邱 澄
副主编 宋纯夫
策划编辑：史 骥
责任编辑：陈 力 陈亚莉 版式设计：史 骥
责任校对：刘志刚 责任印制：张 策

＊

重庆大学出版社出版发行
出版人：陈晓阳
社址：重庆市沙坪坝区大学城西路21号
邮编：401331
电话：（023）88617190 88617185（中小学）
传真：（023）88617186 88617166
网址：http://www.cqup.com.cn
邮箱：fxk@cqup.com.cn（营销中心）
全国新华书店经销
重庆市国丰印务有限责任公司印刷

＊

开本：787mm×1092mm 1/16 印张：8.75 字数：227千
2015年8月第1版 2021年7月第2版 2024年1月第6次印刷
印数：11 001— 13 000
ISBN 978-7-5689-2664-5 定价：29.00元

中等职业教育中餐烹饪专业系列教材
主要编写学校

北京市劲松职业高级中学

北京市外事学校

上海市商贸旅游学校

上海市第二轻工业学校

广州市旅游商务职业学校

江苏旅游职业学院

扬州大学旅游烹饪学院

河北师范大学旅游学院

青岛烹饪职业学校

海南省商业学校

宁波市古林职业高级中学

云南省通海县职业高级中学

安徽省徽州学校

重庆市旅游学校

重庆商务职业学院

出版说明

2012 年 3 月 19 日教育部职成司印发《关于开展中等职业教育专业技能课教材选题立项工作的通知》（教职成司函〔2012〕35 号），我社高度重视，根据通知精神认真组织申报，与全国 40 余家职教教材出版基地和有关行业出版社积极竞争。同年 6 月 18 日教育部职业教育与成人教育司致函（教职成司函〔2012〕95 号）重庆大学出版社，批准重庆大学出版社立项建设中餐烹饪专业中等职业教育专业技能课教材。这一选题获批立项后，作为国家一级出版社和教育部职教教材出版基地的重庆大学出版社珍惜机会，统筹协调，主动对接全国餐饮职业教育教学指导委员会（以下简称"全国餐饮行指委"），在编写学校邀请、主编遴选、编写创新等环节认真策划，投入大量精力，扎实有序推进各项工作。

在全国餐饮行指委的大力支持和指导下，我社面向全国邀请了中等职业学校中餐烹饪专业教学标准起草专家、餐饮行指委委员和委员所在学校的烹饪专家学者、一线骨干教师，以及餐饮企业专业人士，于 2013 年 12 月在重庆召开了"中等职业教育中餐烹饪专业立项教材编写会议"，来自全国 15 所学校 30 多名校领导、餐饮行指委委员、专业主任和一线骨干教师参加了会议。会议依据《中等职业学校中餐烹饪专业教学标准》，商讨确定了 25 种立项教材的书名、主编人选、编写体例、样章、编写要求，以及配套教电子学资源制作等一系列事宜，启动了书稿的撰写工作。

2014 年 4 月为解决立项教材各书编写内容交叉重复、编写体例不规范统一、编写理念偏差等问题，以及为保证本套立项教材的编写质量，我社在北京组织召开了"中等职业教育中餐烹饪专业立项教材审定会议"。会议邀请了时任全国餐饮行指委秘书长桑建先生、扬州大学旅游与烹饪学院路新国教授、北京联合大学旅游学院副院长王美萍教授和北京外事学校高级教师邓柏庚组成审稿专家组对各本教材编写大纲和初稿进行了认真审定，对内容交叉重复的教材在编写内容划分、表述侧重点等方面作了明确界定，要求各门课程教材的知识内容及教学课时，要依据全国餐饮行指委研制、教育部审定的《中等职业学校中餐烹饪专业教学标准》严格执行，配套各本教材的电子教学资源坚持原创、尽量丰富，以便学校师生使用。

本套立项教材的书稿按出版计划陆续交到出版社后，我社随即安排精干力量对书稿的编辑加工、三审三校、排版印制等环节严格把关，精心安排，以保证教材的出版质量。此套立项教材第1版于2015年5月陆续出版发行，受到了全国广大职业院校师生的广泛欢迎及积极选用，产生了较好的社会影响。

在此套立项教材大部分使用4年多的基础上，为适应新时代要求，紧跟烹饪行业发展趋势和人才需求，及时将产业发展的新技术、新工艺、新规范纳入教材内容，经出版社认真研究于2020年3月整体启动了此套教材的第2版全新修订工作。第2版修订结合学校教材使用反馈情况，在立德树人、课程思政、中职教育类型特点，以及教材的校企"双元"合作开发、新形态立体化、新型活页式、工作手册式、1+X书证融通等方面做出积极探索实践，并始终坚持质量第一，内容原创优先，不断增强教材的适应性和先进性。

在本套教材的策划组织、立项申请、编写协调、修订再版等过程中，得到教育部职成司的信任、全国餐饮职业教育教学指导委员会的指导，还得到众多餐饮烹饪专家、各参编学校领导和老师们的大力支持，在此一并表示衷心感谢！我们相信此套立项教材的全新修订再版会继续得到全国中职学校烹饪专业师生的广泛欢迎，也诚恳希望各位读者多提改进意见，以便我们在今后继续修订完善。

重庆大学出版社

2021 年 7 月

前 言

（第 2 版）

　　根据《国务院关于加快发展现代职业教育的决定》和各产业、行业规划及教育部《现代职业教育体系建设规划（2014—2020 年）》的精神，中等职业学校要坚持科学发展观，以服务为宗旨，以就业为导向，以学生为中心，面向市场，面向社会，面向未来。根据经济结构转型升级和就业市场的需要，调整专业结构，加快发展新兴产业和现代服务业的相关专业，改革职业教育课程模式、结构和内容，开发新的课程和教材。为了适应当今职业教育的发展趋势、满足用人单位实际需求，我们对《餐饮企业运营与管理》这本书进行了适度修订。

　　餐饮企业运营与管理是烹饪专业一门重要的专业基础课程。本书修订后的内容包括现代餐饮经营与管理、现代中餐厨房布局设计与运行管理、中央厨房运行管理、餐饮企业前台服务质量管理、现代餐饮企业成本及构成、中餐厨房常用设备使用和基本维护、厨房安全管理 7 个模块、共 20 项任务。本次修订根据中等职业学校烹饪专业学生的认知特点，对教材内容的深度、难度进行了适当的调整；在理论上以够用为度，与行业资格考试的深度和岗位的实际要求接轨。

　　本次修订由重庆商务职业学院向跃进、邱澄担任主编；重庆商务职业学院宋纯夫担任副主编；重庆商务职业学院郭小曦、秦彩凤、杨远骏、董立、蒋苹担任参编。全书由重庆商务职业学院蔡顺林、张莉负责主审。

因水平有限，书中难免有错误之处，希望各位专家学者、广大同仁和读者批评指正。

编　者

2021 年 1 月

前言

（第1版）

根据《国务院关于加快发展现代职业教育的决定》和各产业、行业规划及教育部《现代职业教育体系建设规划（2014—2020年）》的精神，中等职业学校要坚持科学发展观，以服务为宗旨，以就业为导向，以学生为中心，面向市场，面向社会，面向未来。根据经济结构转型升级和就业市场的需要，调整专业结构，加快发展新兴产业和现代服务业的相关专业，改革职业教育课程模式、结构和内容，开发新的课程和教材。为了适应当今职业教育发展的要求，适应用人单位的实际需要，我们编写了《餐饮企业运营与管理》这本书。

餐饮企业运营与管理是烹饪专业一门重要的专业基础课程。本书内容包括现代餐饮经营与管理、现代中餐厨房布局设计与运行管理、中央厨房运行管理、餐饮企业前台服务质量管理、现代餐饮企业成本及构成、中餐厨房常用设备使用和基本维护、厨房安全管理7个模块、共20项任务。本书以"模块"的形式来编写，每个"模块"都是一个独立的内容，便于讲授和学习。每个模块均以"项目导学—教学目标—案例导入—任务布置—任务实施—课后思考"的体例来编写；以现代餐饮企业在生产经营过程中的任务运行流程、基本管理方法和理论知识为重点，兼顾实践操作技能；以培养能够胜任现代餐饮业工作，满足餐饮职业岗位要求的中等技能型人才为目标。本书根据中等职业学校烹饪专业学生的认知特点，对教材内容的深度、难度做了较大程度的调整；在理论上以够用为度，与行业资格考试的深度和岗位的实际要求接轨。在本书的编写中，尽可能使用图表将各个知识点生动地展示出来，力求给学生营造一个更加直观的认知环境。

本书由重庆市商务高级技工学校向跃进担任主编；重庆市商务高级技工学校陈勇、青岛烹饪职业学校王述彭担任副主编；重庆市商务高级技工学校蔡顺林、邱澄、李晓菊、宋纯夫、杨远骏，重庆市旅游学校余德平、程利以及海南三亚高级技工学校温学利担任参编。全书由重庆市商务高级技工学校廖明江和重庆市旅游学校聂海英担任主审。重庆市商务高级技工学校谭洁和张春分别担任校对和排版工作。

因水平有限，书中难免有错误之处，希望各位专家学者、广大同仁和读者批评指正。

编　者

2015 年 5 月

目录

contents

目录

contents

模块 1
现代餐饮经营与管理

项目1
现代餐饮企业

餐饮业是一个历史悠久的行业，是利用餐饮设备、场所和餐饮原材料，以饮食烹饪加工，为社会服务的生产经营性服务业。随着社会、经济、文化的发展，当今餐饮企业有哪些类型？在国民经济和社会生活中有着怎样的地位和作用？现代餐饮企业的主要工作任务是什么？现代餐饮企业业务运作过程和经营特点如何？作为中等职业学校中餐烹饪专业的一名学生，必须首先弄清这些问题。

知识教学目标
◇ 了解当今我国餐饮企业的类型。
◇ 明确餐饮企业在国民经济、社会生活中的地位和作用。
◇ 了解餐饮企业的主要工作任务。
◇ 了解餐饮企业业务运作过程和经营特点。

能力培养目标
◇ 能够区分不同类型餐饮企业的特点。
◇ 能够正确理解餐饮企业在国民经济中的地位、作用以及在社会生活中的作用。
◇ 能够正确掌握餐饮企业的主要工作任务。
◇ 能够正确掌握餐饮企业业务运作过程和经营特点。

职业情感目标
◇ 正确认识餐饮企业在国民经济中的地位、作用以及在社会生活中的作用，增加对本专业的情感。
◇ 掌握餐饮企业主要工作任务、业务运作过程和经营特点，激发学习兴趣，引起学习动机，明确学习目的，进入学习情景。

任务 1　现代餐饮企业的类型、地位与作用

[案例导入]

随着社会经济的发展、人们生活节奏的加快和生活水平的提高，人们的消费观念和饮食习惯等发生了较大的变化，餐饮企业也在经营方向、经营项目、产品及服务质量、管理模式等方面随之进行了调整，由传统生产经营管理模式向现代企业生产经营模式进行了转变。它为人们提供一日三餐所需的各类食品和服务，极大地丰富了人们的物质文化生活，为人们的社交活动提供了重要场所，同时创造了大量的就业机会，对国民经济的发展起到了积极的推动作用。

[任务布置]

本次课的主要任务是了解餐饮业的概念和当今我国餐饮企业的类型及基本特点；其次是通过对现代餐饮业在国民经济中的地位和作用的了解，加深对现代餐饮企业的理解。

[任务实施]

1.1.1　现代餐饮企业的类型

餐饮业是集即时加工制作、商业销售和服务性劳动于一体，向消费者专门提供各种食品、酒水、消费场所、服务和设施的食品生产经营行业。餐饮业范围广泛，经营形式多样。餐饮企业主要包括各种类型的餐馆以及娱乐场所中的餐饮部门。从广义上讲，餐饮企业还应包括各类社会团体及企事业单位的食堂。

根据对当今我国餐饮市场的调查研究，现代餐饮企业的类型主要有高档酒楼（会所）、酒店（宾馆）餐厅、家庭餐馆、火锅店、快餐店、食街和小吃店、团体供餐企业、西餐厅、饮品店和茶餐厅等。

（1）高档酒楼（会所）

高档酒楼（会所）是以高端消费者为主要客户群体的就餐场所。商务宴请、私人盛宴是此类酒楼（会所）的主要业务。此类餐饮企业设施设备一流、装修装饰富丽堂皇而典雅，餐饮产品和服务极具特色，消费水平较高。

（2）酒店（宾馆）餐厅

酒店（宾馆）餐厅是设在酒店（宾馆）内的用餐场所。酒店型餐饮企业经营的表现形式较复杂，通常有咖啡厅、中餐零点餐厅、西餐零点餐厅、中西餐宴会厅、自助餐厅和其他种类餐厅等。酒店餐饮的业务一般为酒店所在地的商业活动，大众消费高档婚宴、寿宴，接待暂住酒店的中外宾客等。酒店型餐饮企业的硬件设施设备齐全、庄严大气、高档正式，提供的餐饮产品和服务质量具有规范、高档、温馨的特点，消费水平一般较高。

（3）家庭餐馆

家庭餐馆是以私人或家族为主要经营管理主体，以大众消费为销售对象的餐饮机构。此

类餐饮机构多经营中档及中档偏下家庭风味的餐饮产品,菜肴质量尚可、价格适中,环境舒适、整洁。

(4)火锅店

火锅店是以燃料加热锅具内的汤汁使之沸腾,再放入食品原材料涮食的餐饮经营场所。中式火锅店的经营场所面积从几十平方米至上千平方米,汤汁的味型多样,但以麻辣为主,尤以重庆风味的火锅店最受欢迎。火锅店经营的产品较单一,经营管理与服务相对简单,价格也普遍能为大众所接受。发展扩张时,多以连锁形式进行。

(5)快餐店

快餐店是为急于解决吃饭问题的顾客提供餐饮服务的餐饮场所。通常位于交通要道,如车站、码头、机场、主要商业街区等。其提供的餐饮产品简捷、价格便宜,餐饮产品基本是预先制作的半成品或成品,服务极其简单。

(6)食街和小吃店

食街和小吃店一般位于主要商业街区或闹市区的商业大楼内。其经营特点是将某一地区乃至全国的名优小吃集于一个空间之内,使顾客能够非常方便地挑选自己中意的美食,餐饮产品一般较价廉物美。

(7)团体供餐企业

团体供餐企业(也称机构性餐饮企业)是专为团体单位提供餐饮服务的餐饮企业。操作方法是由提供此种服务的餐饮企业派出经营管理者和生产服务人员,进入被服务的单位进行生产服务工作;也可以是提供此种服务的餐饮企业在自己的生产场所将餐饮产品加工好,运送到被服务的单位进行服务。这种形式餐饮企业的最大优点是提高了被服务单位的餐饮质量,降低了单位的运行成本。

(8)西餐厅

西餐厅是主要提供西式菜肴的餐饮机构,集中于我国的大、中城市。其表现形式分为酒店西餐厅与社会西餐厅两种。一般而言,国内传统西餐厅提供的西餐菜肴相对落后,服务较为简单,而酒店内西餐厅提供的西式菜肴能反映当今国际西餐的发展潮流,服务也较为规范。

(9)饮品店

饮品店以各类饮料、甜品、商务套餐等为主要餐饮产品,是最近几年兴起的一种餐饮形式,多开设在商业较发达的中心城市的主要商业街区或闹市区的商业大楼内。其主要消费群体是谈生意的商务客人或交朋友的青年男女,环境舒适,产品质量较高,服务规范,产品价格较高。

(10)茶餐厅

与饮品店类似,茶餐厅也是最近几年出现的餐饮形式,源于我国香港地区。主要经营中、低档菜肴,但比快餐店档次略高,通常可供选择的餐饮产品有几十种,由中餐、西餐和香港特色的餐食组成,价格为一般顾客所接受,基本做到现点、现烹、现卖。经营地点多选择在主要商业街区、闹市区的商业大楼内或商务办公区域,营业时间较长。

以上是当今我国餐饮企业最主要的类型,其表现形式随着社会经济的发展还在不断变化。近年来,各大餐饮企业纷纷进入社区与各购物中心,开设中、小型餐馆,为顾客提供一些物美价廉的菜肴和快捷的服务。在各大高校周围也涌现出一批专门为大学生提供送餐服务的送餐公司,特别是"互联网+餐饮"的模式。这些都是新型餐饮企业的表现形式。

🛎 1.1.2 现代餐饮企业的地位和作用

1）现代餐饮企业在国民经济中的地位

"民以食为天"，人们每天都离不开饮食，现代餐饮企业的经营活动同工农业生产以及人们的生活息息相关。餐饮企业是创造社会财富的经济部门，在国民经济中属于第三产业的流通部门，处于第一层次。因此，餐饮企业是国民经济的重要组成部分，其运作是实现国民收入再分配的重要环节，也是贯彻我国改革开放方针、实现现代化建设的一个重要方面，在国民经济中占有重要的地位。

2）现代餐饮企业在国民经济中的作用

随着经济的发展、人民生活水平的提高和旅游业的兴旺，餐饮企业在国民经济中发挥着越来越重要的作用。

（1）有利于餐饮劳动社会化

社会分工是生产力发展的客观要求，是社会进步的表现。社会越进步，分工也就越细。随着我国现代化建设事业的快速发展，生产专业化、社会化的程度越来越高，人们生活节奏加快，时间观念加强，也就对社会分工提出了新的要求。我国城乡家庭的一日三餐是一项繁重的家务劳动，而发展好餐饮企业，让它承担人们的日常饮食供应任务，可把人们从繁重的家务劳动中解脱出来，把家务劳动变为社会化劳动，从而使人们有更多的时间和精力致力于生产、科研、教育、文艺、体育和休闲等活动。

目前，餐饮服务还走进了各企事业单位，承担起各企事业单位食堂和招待所的餐饮产品供应和服务工作，促使企事业单位餐饮劳动社会化。

（2）繁荣经济，活跃市场，促进相关行业发展

餐饮企业发展的规模、速度和水平往往直接反映一个国家、一个地区的经济繁荣水平和市场活跃程度。它是国民收入和人民生活水平迅速提高、消费方式和消费结构发生深刻变化的重要体现。经济的繁荣、市场的活跃为餐饮企业的发展开辟了广阔天地，而餐饮企业的发展又进一步推动了经济的繁荣和市场的活跃。同时，餐饮企业的迅速发展，需要国民经济提供基础设施、生产技术设备、物资用品和各种食品原材料，这必然促进轻工业、建筑业、装修业、交通运输业、农业、养殖业和副食品生产加工业等相关行业的发展。

（3）创造社会财富，实现国民收入再分配

餐饮企业利用餐饮设备、烹饪技术，通过把食品原材料烹制成餐饮产品，从而增加产品附加值，创造社会财富。涉外餐饮企业在为海外游客服务过程中可以吸收外汇，将其他国家的国民收入转化为我国的国民收入。餐饮企业为游客、当地居民和企事业单位服务，处于国民收入再分配环节，可以大量回笼资金，从而对国民经济的发展起到积极的推动作用。

（4）为劳动就业广开门路

餐饮企业的发展能够创造大量的就业机会。餐饮业由于手工操作的比重大，需要较多的劳动力，属于劳动密集型行业。因此，餐饮企业能以较少的资金安排较多的就业岗位。此外，餐饮企业还需要其他厂商提供设备、食品、燃料、水电气以及其他大量的消费品；而生产这些商品又将产生大量的就业机会，因此，餐饮企业还为其他相关行业创造了就业机会。

3）现代餐饮企业在社会生活中的作用

（1）极大地丰富了人们的物质文化生活

人们的饮食消费主要在家庭、工作单位和社会餐饮服务业中进行。经济越发达，国民收入水平越高，人们的对外交流活动越频繁，家务劳动社会化程度就越高。餐饮企业的迅速发展，为人们的社会餐饮消费创造了条件，可以减轻人们的家务劳动，促进其消费方式和消费结构的改变。同时，随着社会的进步和生产力的发展，人们对物质文化生活提出了越来越高的要求。人们已不满足一日三餐在家吃的单一方式了，不仅婚丧嫁娶等大型活动，而且在生日、节假日，人们也希望选择一处理想的就餐场所，品尝在家里无法吃到的菜肴，享受一种在家里无法享受的乐趣，从而更加丰富了人们的日常饮食生活。此外，现代的餐饮企业不仅是就餐的场所，同时也是提供娱乐体验，增加娱乐功能的场所。亲友家人在休闲的日子里，来到饭店一边品尝美味佳肴，一边享受愉悦的氛围，得到了物质和精神上的享受。因此，餐饮企业的发展极大地丰富了人们的物质文化生活。

（2）为人们进行社交活动提供了重要场所

随着社会的进步、经济的发展，人们的社会交往活动越来越广泛，各种聚会日益频繁。各类型的餐饮企业成为人们进行社交活动的理想场所，既方便舒适，又能够满足不同层次的人们的需要。因此，人们越来越多地把饭店或酒店作为社交活动的理想场所。各企事业单位、政府机关的一些重要活动往往也是在饭店或酒店举行，如开业庆典、新闻发布会以及各种庆祝活动。餐饮企业在人们的社会交往活动中发挥着越来越重要的作用。

【练习与思考】

一、课后思考

1. 现代餐饮企业的类型有哪些？
2. 分析现代餐饮企业的地位和作用。

二、实践活动

以小组为单位，调查学校附近的餐饮企业的类型，并说明其特点，写一份调研报告。

任务 2 餐饮企业的任务

[案例导入]

餐饮企业的主要任务可以概括为 4 个方面：向顾客提供以菜肴等为主要代表的有形产品；向顾客提供恰到好处的服务；增收节支，做好生产经营管理；为企业树立良好的社会形象。

[任务布置]

本次课的主要任务是弄清餐饮企业的主要工作任务；其次是通过对餐饮企业主要工作任务的了解，加深对餐饮企业的理解和对餐饮企业的热爱。

[任务实施]

1.2.1 向顾客提供以菜肴等为主要代表的有形产品

向顾客提供以菜肴等为主要代表的有形产品是餐饮企业最基本、最核心的任务。各种不同风格、档次的餐饮企业根据自己的市场定位，确定自己的经营策略和饮食产品，并向市场提供能满足顾客所需的优质产品。

1.2.2 向顾客提供恰到好处的服务

餐饮企业加工生产的各类有形产品，需要餐饮服务人员向顾客提供满意的服务才能实现产品最终的经济价值和社会价值。在用餐过程中，顾客注重的是菜肴质量、服务质量和用餐环境，所以顾客在购买餐饮产品时，期望得到与有形产品相适应的配套服务，从而获得方便、周到、舒适、友好、愉快等精神方面的享受。同时，这种配套服务和精神享受必须是恰如其分的，只有这样的服务才是有效的。恰到好处的服务应充满人性化、具有及时性和针对性。

1.2.3 增收节支，做好生产经营管理

增加收入与利润是餐饮企业的主要目标。餐饮企业应在充分了解所在地的市场变化及相关情况的基础上，结合自身实际，找准市场定位，设定经营范围、服务项目、产品品种和就餐环境等，充分利用各种节假日、重大活动等进行营销。既可以通过举办各种当季食材、特殊食材和特定食品活动，推出新颖的餐饮产品和用餐方式，促进食品、饮料的销售；也可以通过扩大用餐场所，增加接待能力，扩大经营；用外卖、上门服务等方法扩大餐饮服务的外延，提高销售量；积极引入团购、外卖平台，扩大企业知名度，增加人流量和销售量。同时，餐饮企业还应加强在生产经营管理过程中的成本控制，通过制订科学规范的管理制度和操作技术规范来降低原材料成本、人力成本，从而达到增收节支的目的。

🔔 1.2.4 为企业树立良好的社会形象

餐饮企业与顾客的接触面广、接触人数众多，并且又是直接接触，面对面的服务时间长，从而给顾客留下的印象最深，并直接影响顾客对企业的评价。因此，树立良好的社会形象是餐饮企业吸引顾客、增加效益的任务之一。同时，餐饮企业在生产经营过程中，应树立追求良好社会效益的目标。餐饮企业在进行经营活动过程中，应拒绝使用一次性筷子、纸杯和快餐盒，引导顾客节俭点餐，使用节能炉灶和灯具，科学合理地排放废油、废渣、油烟，为绿色社会做出应有的贡献。

【练习与思考】

餐饮企业的任务是什么？

任务 3　餐饮企业业务运作过程和经营特点

[案例导入]

餐饮企业业务运作过程是从市场购回食品原材料，通过烹调和加工制作，把食品原材料制作成色、香、味、形俱全的餐饮产品，再销售出去，同时配套产品服务。因此，餐饮企业业务运作也具备商业服务的性质。综上所述，可得出餐饮企业业务运作的基本模式：一是物流过程，即原材料的采购、保管、领用；二是生产加工过程，即餐饮产品的制作；三是销售过程，即菜品与饮料等的销售；四是服务过程，即就餐各个环节的服务。这4个过程之间特定的联系构成了复杂多变的餐饮企业业务运作。

[任务布置]

本次课的主要任务首先是弄清餐饮企业业务运作过程。其次，通过对餐饮企业业务运作的了解，加深对餐饮企业各环节生产经营特点的理解和对餐饮企业的热爱。

[任务实施]

1.3.1　餐饮企业的物流过程特点

餐饮企业的物流过程是指食品原材料经餐饮企业采购后，在企业内的流通和变化。物流过程是由请购、采购、储存和领用加工环节构成的。它具有以下特点：

1）请购部门多，产品种类繁杂，规格多

请购是物流过程的原动力，它表现了服务、加工烹调等环节对服务用具、产品原材料的需求，这种需求又取决于服务的需求、品种的决策和顾客的饮食需求。因此，物料的请购涉及餐饮企业众多的部门和众多的品种规格，各部门应根据生产经营的实际需要，提前做出物料请购申请，确保生产经营有序进行。

2）采购环节复杂，成本不易控制

采购意味着原材料成本的发生和损耗。原材料采购价格高低、原材料投入是否得当，直接影响着企业经营效益的高低；同时，又制约着下一个环节的业务运作。因此，餐饮企业应采取科学合理的采购方法，减少采购环节，降低原材料采购价格，控制成本。

3）原材料保管不易，易变质或损坏

餐饮原材料属于食品类，门类众多，进入仓库或冻库保存的原材料也具有较强的时间性和季节性，保管或处理不当极易腐烂变质。用于餐饮服务中的原材料又属于易耗品，也不易保管。因此，采取合理的保管方法和保管措施，才能有效降低成本。

4）原材料领用数量、品种众多，易出现二次库房

餐饮企业各部门每日领用的原材料数量和品种众多，因此应严格按照领料单填写的品种

及数量进行准确的发料。同时，为避免出现二次库房，原材料的数量以能满足生产经营所需为宜，不能造成浪费。

1.3.2 餐饮企业的生产加工特点

餐饮企业生产有形的实物产品,如各色美味佳肴,与其他产品生产相比,具有以下特点：

1) 产品规格多，每次生产批量小

餐厅销售的菜肴基本上是顾客进入餐厅后，经顾客分别选点，然后烹制成的产品。它与工业产品大批量、统一规格生产的成品是不同的。这给餐饮产品质量管理和统一标准带来了一定的难度。

2) 生产过程时间短

餐饮产品的生产、销售与顾客的消费几乎同时进行。顾客从点菜到消费的时间相当短暂，因而对烹制技艺的要求较高，对服务员的直接推销和服务也是一大挑战。

3) 生产量难以预测

顾客何时来、来多少、消费什么餐饮产品等一直是困扰餐饮管理者的问题。因此，顾客的消费需求很难准确预估，生产的随机性强，产量难以预测。

4) 原材料及产品容易变质

相当一部分餐饮产品是用鲜活的原材料制作的，具有很强的时间性和季节性，若处理不当极易腐烂变质。因此，必须加强原材料管理才能保证产品质量并控制餐饮成本。

5) 产品生产过程环节多、管理难度大

餐饮产品的生产涉及原材料的领用、加工、烹制、服务等，整个生产过程的业务环节较多，任一环节的差错都会影响餐饮产品的质量及企业的效益。因此，餐饮产品生产过程的管理难度较大。

1.3.3 餐饮企业的销售特点

1) 餐饮销售方式多元化

在传统的店内销售和营销方式的基础上，现代餐饮企业更多地运用了新型的信息技术手段进行产品的推广和营销。现在，电话订餐、网络订餐等方式已经被现代餐饮企业普遍使用。

2) 餐饮销售量受餐位数量的限制

餐饮企业接待的顾客数量受营业面积大小、餐位数多少的限制。因此，餐饮企业必须改善就餐环境，提高餐位利用率，增加顾客的人均消费额。

3) 餐饮销售量受进餐时间的限制

人们的就餐时间有一定的规律。就餐时间一到，餐厅高朋满座；就餐时间一过，餐厅门可罗雀。餐饮产品的销售具有明显的间歇性。因此，餐饮企业应通过增加服务项目、延长营

业时间等方法来努力提高餐饮产品销售量。

4）餐饮固定成本及变动费用较高

餐饮企业的各种餐厨设备、用品的投资较大，且人力资源费用、能源费用、原材料成本等的支出也较高。因此，餐饮企业应努力控制固定成本与变动费用，以提高企业的经济效益。

5）餐饮销售毛利率较高

中、高档餐饮企业的综合毛利率一般较高。以高档餐饮企业为例，其销售毛利率通常为45%~55%。如果餐饮企业做好成本控制的管理工作，则能增加相当部分的纯利润。

6）餐饮经营的资金周转较快

餐饮企业的经营毛利率较高，且相当一部分餐饮销售收入以收取现金为主，而大部分的原材料为当天采购、当天销售。因此，餐饮企业的资金周转较快。

🔔 1.3.4 餐饮企业的服务特点

餐饮企业的服务是餐饮企业员工为顾客提供菜肴、饮品等服务的过程。餐饮服务可分为直接对客的前台服务和间接对客的后台服务。前台服务是指餐厅、酒吧等营业场所服务人员面对面地为顾客提供的服务；后台服务则是在顾客视线不能及的地方，如厨房、后勤部门等为生产、服务而进行的保障性的服务工作。前台服务与后台服务相辅相成，后台服务是前台服务的基础，前台服务是后台服务的继续和完善。只有高质量的菜肴，没有良好的前台服务不行；只有良好的前台服务，没有高质量的菜肴也不行。因此，美味佳肴只有配以恰到好处的服务，才会受到顾客的欢迎。餐饮服务大致有以下几个特点：

1）有形性和无形性的结合

餐饮产品是有形的实物产品。顾客就餐时，餐饮企业提供的设施、设备和服务人员的服务技能是有形的。餐饮服务的无形性是指就顾客只有在购买并享用餐饮产品后，才能凭借其生理与心理的满足程度来评估其优劣。因此，只有打造良好的就餐环境，提供舒适的设施、设备，提供优质的服务，才能使顾客给予餐饮企业良好的评价。

2）一次性

餐饮服务的一次性是指餐饮服务只能当次享用，过时则不能再使用。这就要求餐饮企业应接待好每一位顾客，提高每一位顾客的满意程度，才能使他们再次光临。

3）直接性

餐饮服务的直接性是指餐饮产品的生产、销售、消费几乎是同步进行的，即企业的生产过程就是顾客的消费过程。这就要求餐饮企业既要注重服务过程，又要重视就餐环境。

4）差异性

餐饮服务的差异性主要表现为两个方面：一方面，不同的餐饮服务员由于年龄、性别、性格、受教育程度及工作经历的差异，他们为顾客提供的服务肯定不尽相同；另一方面，同一服务员在不同的场合、不同的时间，其服务态度、服务效果等也会有一定的差异。这就要求餐饮企业应制订服务标准，并加强服务过程的管理与控制。

【练习与思考】

一、课后思考

　　1.餐饮企业业务运作过程的特点是什么？

　　2.餐饮企业生产加工的特点是什么？

　　3.餐饮企业销售的特点是什么？

　　4.餐饮企业服务的特点是什么？

二、实践活动

　　以小组为单位，调查学校附近的餐饮企业的类型，并说明其业务运作过程及特点，写一份调研报告。

项目2
餐饮企业组织结构及主要岗位的职责

　　餐饮企业为保证餐饮业务活动的顺利开展并达到预期的管理目标和工作任务，必须建立科学的组织机构，明确组织机构职能和主要岗位工作职责。当今餐饮企业主要分为社会餐饮企业和酒店餐饮企业。社会餐饮企业常见的形式有酒楼、快餐店、小吃店等，其规模大小各异。社会餐饮企业主要工作岗位分为两大类：直接面对顾客的服务性工作岗位和位于餐饮后台、以制作餐饮产品、保证企业正常运营的生产与保障性岗位。酒店餐饮企业是综合性酒店组织机构中一个重要的组成部分，其所辖面广，各营业点分散于饭店的不同区域、楼面。作为酒店唯一生产实物产品的部门，其集生产加工、销售、服务于一身，管理过程全，环节多。作为中等职业学校中餐烹饪专业的一名学生，应弄清这两个类型的餐饮企业的组织机构及主要岗位职责。

知识教学目标
◇ 了解现今我国两种类型餐饮企业的组织结构。
◇ 明确不同类型餐饮企业主要岗位的职责。

能力培养目标
◇ 能够正确理解并掌握不同类型餐饮企业主要岗位的工作职责并能合理运用到工作中。

职业情感目标
◇ 正确认识不同类型餐饮企业的组织机构，增加对本专业的情感。
◇ 掌握不同类型餐饮企业的主要工作岗位职责，激发学习兴趣，引起学习动机，明确学习目的，进入学习情景。

任务 1　餐饮企业的组织结构及主要岗位的职责

[案例导入]

企业组织结构是组织的全体成员为实现组织目标，在管理工作中进行分工协作，在工作范围、职责方面所形成的结构体系。企业组织结构显示了企业组织部门设置、生产经营流程、部门排列顺序以及各要素之间相互关系的一种模式，是整个管理系统的"框架"。岗位职责是企业组织结构下，每个具体岗位需要去完成的工作内容以及应当承担的责任。

[任务布置]

本次课的主要任务是弄清社会餐饮企业和酒店餐饮企业的组织机构与主要岗位职责，通过对不同类型餐饮企业组织机构和主要岗位职责的了解，加深对餐饮企业各生产经营服务机构的理解和对工作岗位的认识和热爱。

[任务实施]

2.1.1　餐饮企业的组织结构

当今餐饮企业主要分为社会餐饮企业和酒店餐饮企业两大类，其组织结构各有不同。

1）社会餐饮企业组织结构

社会餐饮企业组织结构如图 2.1 所示。

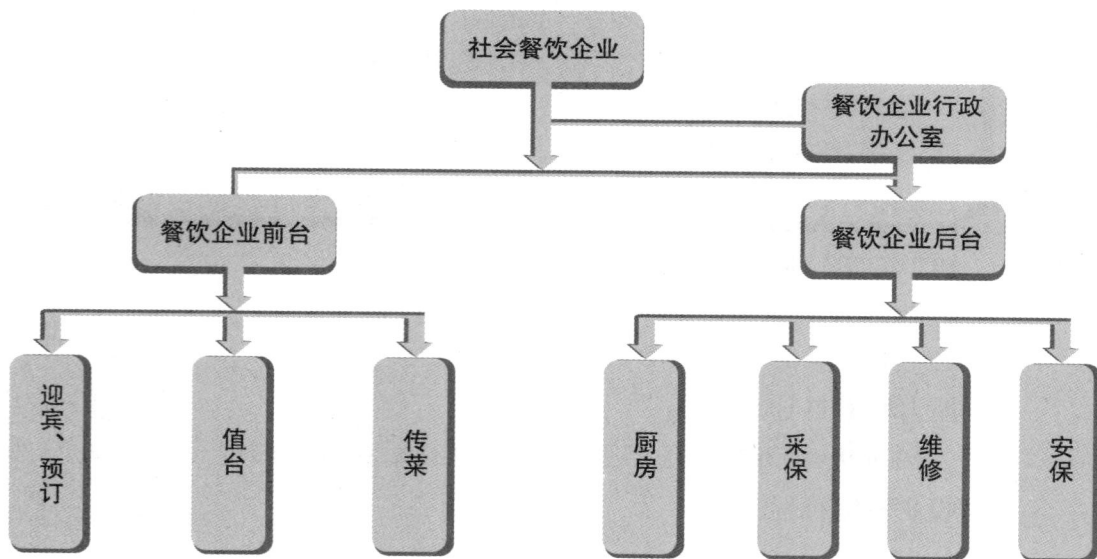

图 2.1　社会餐饮企业组织结构图

2）酒店餐饮部的组织结构

（1）中型酒店餐饮部的组织结构

中型酒店的餐饮部组织机构分工较为细致，功能也较为全面，如图2.2所示。

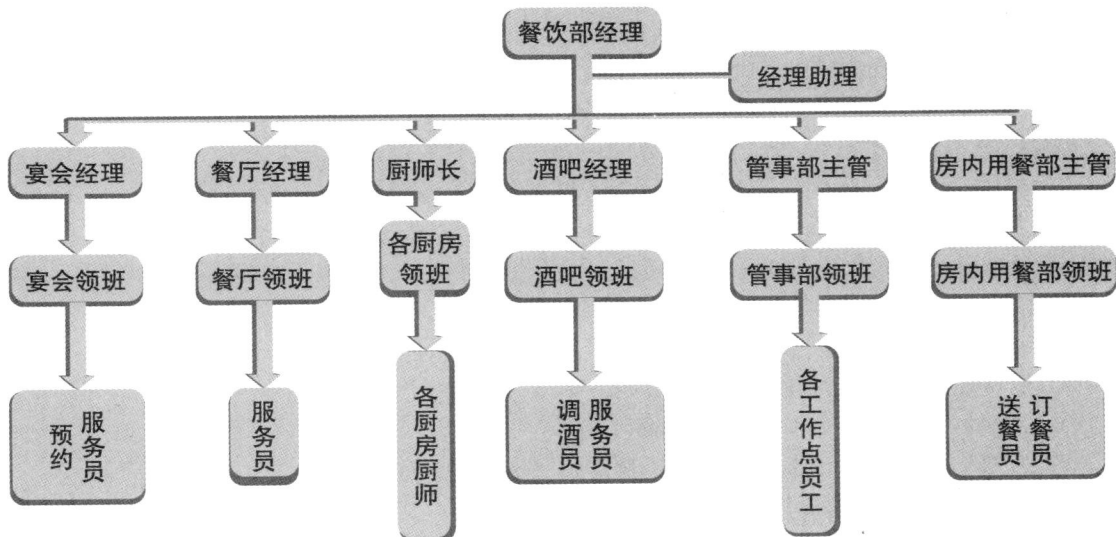

图 2.2　中型酒店餐饮部组织结构图

（2）大型酒店餐饮部的组织结构

大型酒店的餐饮部组织结构复杂，层次多，分工明确细致，如图2.3所示。

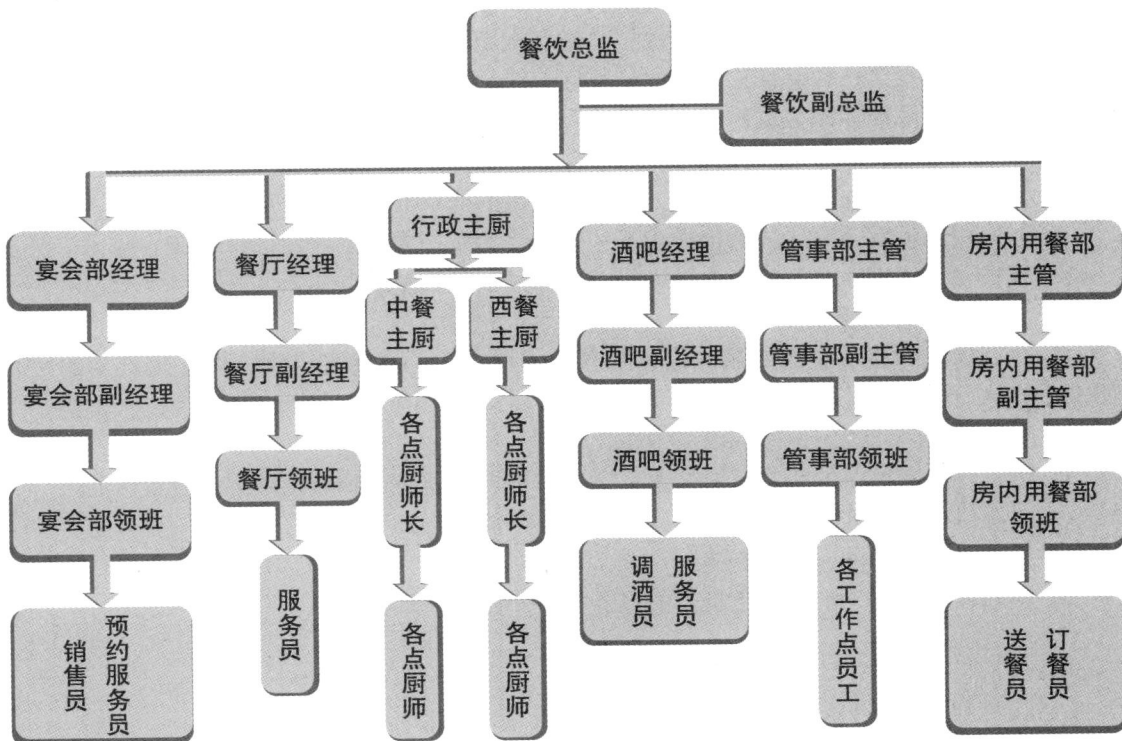

图 2.3　大型酒店餐饮部组织结构图

2.1.2 餐饮企业主要岗位的职责

1）餐馆前台服务性工作岗位的职责

（1）迎宾员的岗位职责

① 在餐厅入口处礼貌地问候顾客，迎领顾客到适当的餐桌，协助拉椅让座。

② 为顾客递送菜单，并通知区域值台员提供服务。

③ 熟悉餐厅内所有餐桌的位置及容量，确保进行相应的迎领工作。

④ 将顾客平均分配到不同的服务区域，以平衡各位值台服务员的工作量。

⑤ 在营业高峰时段餐厅满座时妥善安排候餐顾客。如顾客愿意等候，则请顾客在门口休息区域就座，并告知大致的等候时间；如顾客是住店的，也可以请顾客回房间等候，待餐厅有空位时再通知顾客；还可以介绍顾客到饭店的其他餐厅就餐。

⑥ 记录就餐顾客的人数及其所有意见或投诉，并及时向上级汇报。

⑦ 接受或婉拒顾客的预订。

⑧ 协助顾客存放衣帽、雨具等物品。

⑨ 积极参加培训，不断提高自己的服务水平和服务质量。

（2）值台服务员的岗位职责

① 负责擦净餐具、服务用品等，并做好餐厅的清洁卫生。

② 到仓库领料，负责餐厅各种餐用具的点数、送洗和记录工作。

③ 负责补充工作台，并在开餐过程中随时保持其整洁。

④ 按餐厅的要求摆台，并做好开餐前的准备工作。

⑤ 熟悉餐厅供应的所有菜肴、酒水，并做好推销工作。

⑥ 接受顾客点菜，并保证菜肴及时、准确无误地得到出品。

⑦ 按餐厅的标准为顾客提供尽善尽美的服务。

⑧ 做好结账收款工作。

⑨ 在开餐过程中关注顾客的需求，对顾客提出的需求能做出迅速反应。

⑩ 负责顾客就餐完毕后的翻台或为下一餐摆台，做好餐厅的营业结束工作。

⑪ 积极参加培训，不断提高自己的服务水平和服务质量。

（3）传菜员的主要职责

① 在开餐前，负责准备好调味品、配料和传菜夹等，主动配合厨师做好出菜前的所有准备工作。

② 负责传菜间和规定地段的清洁卫生工作。

③ 负责将点菜单上的所有菜肴按上菜次序准确无误地传送到点菜顾客的值台员处。

④ 协调值台员将脏餐具撤回洗碗间，并分类摆放。

⑤ 妥善保管点菜单，以备查核。

⑥ 积极参加培训，不断提高自己的服务水平和服务质量。

2）餐饮后台的生产与保障性岗位的职责

（1）厨师的岗位职责

① 按照工作程序与标准，优质、高效地完成菜肴的制作，并及时供应餐厅销售。

②按照工作程序与标准做好开餐前的准备工作。

③保持岗位工作区域的环境卫生，做好工具、用具、设备、设施的清洁、维护和保养。

④完成上级领导安排的其他任务。

⑤积极参加培训，不断提高自己的技艺水平。

（2）采购人员的岗位职责

①根据上级分配的采购申请单，做好选择供应商、报价的工作。

②依据批准后的采购单，取得付款票据，实施购买。

③具体办理提货、交验、报账手续。

④保存采购工作的必要原始记录，做好统计，定期上报。

⑤随时了解市场行情，提供市场信息，努力降低采购成本。

（3）仓库保管人员的岗位职责

①负责填写申请采购单，注明各种原材料的品名、数量。写明库存量、月用量和申购量，确认无误后交上级审批。

②原材料入库必须严格检验，根据申购的数量及规格，检查货物的有效期、数量和质量，符合要求后方可入库。

③在原材料入库时，物品装卸要轻拿轻放，分类摆放整齐，杜绝不安全因素。

④加强对库存原材料的管理，落实防火措施与卫生措施。保证库存原材料完好无损，存放合理，整齐美观。

⑤原材料到货后，要及时入账，准确登记。

⑥发料时，按规章制度办事，领货手续不全不发料。如有特殊原因需离开工作岗位，需得到相关领导的批准。

⑦发料后，要及时按发货单办理物品出货手续，登记上账。

⑧经常与用料部门保持联系，了解原材料的使用情况，高效完成本职工作。

⑨积极配合财务部门做好每月的盘点工作，做到物卡相符，账卡相符，账账相符。

⑩下班时，要及时检查库房有无安全隐患，关闭电源与门窗，按规定摆放好仓库钥匙后，方可下班。

（4）工程设备维护人员的岗位职责

①确保水、电、气等的正常供给并控制其能耗。

②做好设备、设施的选择与评估。

③做好设备、设施的日常管理。

④负责设备、设施的安装调试或安装调试的管理工作和技术支持。

⑤做好设备、设施维护保养与修理工作。

⑥做好设备、设施技术和备件管理工作。

⑦做好设备、设施改造、更新工作。

⑧做好经营区建筑、装饰的养护与维修工作。

⑨筹划建筑的改建、扩建与新建。

（5）安保人员的岗位职责

①贯彻执行国家安全保卫工作的方针、政策和有关法律、法规及企业的规章制度。

②协助企业对员工进行防火、防盗及防治灾害事故的教育培训。

③ 落实各项安全工作的岗位责任制，保护顾客的人身及财产安全。

④ 配合国家有关机关对违法犯罪活动进行调查取证。

⑤ 制订企业安全管理制度，加强检查并落实。

⑥ 认真贯彻消防法规，学习宣传防火、灭火知识，定期举行实操训练。

⑦ 维护企业的治安环境、营运秩序。

【练习与思考】

一、课后思考

餐饮企业各主要岗位的职责有哪些？

二、实践活动

以小组为单位，调查学校附近的社会及酒店餐饮企业的类型，说明其组织结构和各岗位业务运作过程及特点，写一份调研报告。

项目3
餐饮企业管理的特点、原则与任务

当今餐饮行业发展迅速，呈现出经营业态多样化、市场需求层次细分化、产品及服务个性化等诸多特点。餐饮行业竞争十分激烈，企业的经济与社会效益波动性与间歇性大，给企业经营管理和目标任务带来了新课题。了解掌握餐饮企业管理的基本特点、原则与任务是为了保证餐饮业务活动能顺利开展并达到预期的经济效益和社会效益。

知识教学目标

◇ 了解餐饮企业管理的特点。

◇ 弄清餐饮企业管理的基本原则。

◇ 明确餐饮企业管理的主要任务。

能力培养目标

◇ 能够正确理解并掌握餐饮企业管理工作的特点，并能根据餐饮企业管理的基本原则和要求，完成各项管理工作任务。

职业情感目标

◇ 正确认识餐饮企业的管理特点和管理基本原则，增强对本专业的认识。

◇ 了解和掌握餐饮企业管理的主要任务，激发学习兴趣，明确学习目的，进入学习情景。

任务1 餐饮企业管理的特点、原则与任务

[案例导入]

长期以来，餐饮业作为第三产业中的主要行业之一，对刺激消费需求、推动经济增长发挥了重要作用，在扩大内需、安置就业、繁荣市场以及提高人民生活水平等方面做出了积极贡献。

近几年来，由于受国内外经济增长放缓、食品安全等因素的影响，餐饮业营业收入增幅减缓，与前几年的高速增长相比，已出现明显放缓迹象。餐饮业现在正面临着行业竞争加剧、食品原材料成本上升、劳动力成本提升、管理人才匮乏、成本控制难、利润下滑等多方面的问题。

[任务布置]

本次课的主要任务是弄清餐饮企业管理的特点与管理的基本原则，通过对餐饮企业管理特点与原则的了解，明确餐饮企业管理的基本任务，加深对餐饮企业的热爱。

[任务实施]

3.1.1 餐饮企业管理的特点

餐饮企业是国民经济的重要组成部分，其客源市场十分广泛，生产与服务带有明显的地域性和民族化特征，生产销售活动因受季节、气候、交通条件、企业地理位置等多种因素的影响而具有较大的波动性与间歇性。因此，餐饮企业管理同其他类型企业管理相比，又具有其自身的特点。

1) 生产周期短，产供销同步

传统餐饮企业的产品从原材料到成品的生产周期非常短暂，一份菜肴的制作常常只需几分钟到十几分钟的时间。随着高科技生产设备的不断出现，餐饮企业的生产正朝着标准化、工业化和集约化迈进，传统以手工为主的生产工艺过程被大大简化，新的生产工艺不断出现，因此，现代餐饮企业产品的生产周期有逐步缩短的趋势。

餐饮产品烹制完成后，必须尽快送给顾客，其生产和消费是同步进行的。因此，餐饮企业管理具有很强的时间性，这就要求餐饮企业在生产经营管理中必须正确处理和协调好各个环节的关系，将产、供、销形成一个整体，提供一条龙服务。

2) 产品更新快，收入弹性大

在餐饮消费上，人们对菜肴质量、就餐环境、服务质量的要求在不断变化，对就餐方式也有新的要求。因此，餐饮企业必须紧跟市场的需求，不仅应在产品花色、品种上不断翻新，还应在经营方式上不断推陈出新。

在实际经营过程中，餐饮企业的收入与企业接待顾客人次、人均消费水平等有密切联

系。餐饮企业营业收入水平的高低主要取决于餐饮企业的档次规格、就餐环境、客流量、人均消费水平、产品质量、服务质量、销售模式等。由此可见，餐饮企业管理必须不断更新产品、创新服务项目、采用灵活的经营方式，只有这样才能吸引更多的顾客，达到企业的经营目标。

3）品种繁多，成本复杂，不易管理

餐饮产品生产是一个多品种、多规格、小批量、手工操作性强的生产过程。由于生产与销售同步，餐饮经营成本除了食品原材料成本外，还有许多其他费用，如水电气燃料费、餐饮器具费、清洁用品费、服务用品费、人工费、折旧费等。因此，其成本构成十分复杂。

在整个餐饮经营过程中，各种原材料在采购、储存、领发料等过程中易发生霉烂、变质、丢失等现象；在加工、切配、烹调等过程中易发生损耗、报废和浪费等现象；在销售服务过程中，因服务质量等因素，还可能发生退菜、投诉等问题，从而增加了餐饮企业经营管理的难度。

🔔 3.1.2 餐饮企业管理的基本原则

1）密切关注市场变化，做好分析预测

餐饮产品生产周期短，随产随销，其产品销售具有一次性的特点，即就地销售、当场服务、产品不易保存、市场变化较频繁。这就要求餐饮企业管理人员必须密切关注市场的变化，及时掌握每天、每餐次就餐顾客的数量以及对产品质量和服务的要求，认真做好分析预测，安排好生产与服务的各个环节，防止生产与销售脱节而影响企业业务活动的正常开展。

2）注重食品卫生，确保顾客安全

由于餐饮产品的营养卫生水平直接关系到顾客的身心健康，餐饮企业管理人员必须严格贯彻执行食品卫生法，从原材料采购、验收、储存、发料到加工、切配、烹制、传送和服务等各个环节都要建立一套严格的卫生安全监管制度。对库房、厨房、餐用具等坚持消毒，做到层层把关，分级负责，确保食品卫生、安全。

3）满足多种需求，提供优质服务

顾客消费层次和结构复杂多变，不仅有生理需求，还有精神享受需求，这就要求餐饮管理人员必须认真研究不同类型顾客的消费需求和特点，有针对性地提供优质服务，在产品安排上，坚持多样化与特色化相结合、艺术性与实用性相结合、营养与可口相结合。在服务上，做到热情、礼貌、耐心、细致、周到，以满足顾客多层次的物质与精神需求。

4）坚持以人为本的管理

现代餐饮企业间的竞争归根到底是人才的竞争。因此，现代餐饮企业管理应以人为本，认真研究员工的心理、行为规律和需求，针对员工的个性特征和兴趣，合理安排他们的工作，充分调动员工的积极性、主动性和创造性；将职业素质教育与宣传企业精神相结合，建立多元化的企业文化，增强员工的参与感和归属感，并在工作过程中尽量满足员工的合理要求，从而提高企业内部凝聚力，增强企业的市场竞争力。

🔔 3.1.3 餐饮企业管理的主要任务

1）做好市场调研，确定目标市场

企业开展经营活动前，必须明确企业面向的市场领域、顾客类型、顾客收入水平、顾客喜好以及自身拥有的资源与顾客需求的适应度，这是企业开展各项经营活动的前提条件。

在此基础上，运用科学方法对调查资料进行研究，将客观外部环境与企业产、供、销活动结合起来，确定企业的目标市场，确定企业经营方针、目标和策略。

2）确定经营方针与经营思想

经营方针是企业发展的方向和指引，经营思想是企业进行经营活动的指导思想。经营方针和经营思想相辅相成，其作用是正确处理国家、企业、员工和消费者的关系，要贯彻执行行业与国家方针政策，确保餐饮企业的正确经营方向。餐饮企业经营管理人员必须根据国家方针政策，结合行业与企业的实际情况，确定自己的经营方针与经营思想。

3）确定经营目标

确定经营目标是餐饮企业经营的重要环节，也是餐饮企业管理的重要目的。其实质是指为达到和实现企业经营理念、经营思想而设定的具体的实施目标。它包括市场目标、销售目标、质量目标和效益目标。它要求企业管理人员以餐厅上座率、座位周转率、接待顾客人次、人均消费和市场份额等为基础，对企业收入、成本、费用和利润做全面合理的安排。

4）合理组织安排生产与服务接待活动

餐饮企业的各项经营活动都是以扩大产品销售、满足顾客消费需求为目的的。因此，餐饮产品生产是餐饮经营的核心环节之一。餐饮产品生产的关键是选择合适的风味特色、安排产品品种、组织技术力量、保证产品质量，使餐饮企业经营活动顺利开展。

服务接待活动是组织餐饮经营的另一中心环节，它是产品销售的直接体现。其关键是如何提供良好的就餐环境，安排合理的服务程序，做好营销推广，提供优质服务，满足顾客需求。

5）建立健全各项管理制度，获取良好的经济与社会效益

为做好餐饮企业管理工作，企业必须建立健全各项管理制度、质量标准与操作规程，以便对整个生产与经营过程进行督导和控制，如制订标准成本、生产操作规程、产品质量标准、服务规范、劳动定额等，从而加强成本与质量控制，树立产品与企业的整体形象，使企业取得良好的经济效益和社会效益。

【练习与思考】

1. 餐饮企业管理的特点是什么？
2. 餐饮企业管理的基本原则是什么？
3. 餐饮企业管理的主要任务是什么？

模块 2
现代中餐厨房
布局设计与运行管理

项目4
中餐厨房规划布局

厨房是餐馆及饭店的重要组成部分。餐馆及饭店的发展有赖于厨房的建设与管理。厨房生产的产品反映了一家餐馆、饭店的档次和经营管理水平，同时，也关系到餐馆、饭店的经营成败。因此，在本项目的学习中，我们要弄清厨房生产的特点和作用等相关知识。

知识教学目标

✧ 掌握厨房的设计要求。
✧ 了解厨房各工作区的设计要点。
✧ 了解厨房工作区规划。
✧ 了解其他工作区的设计布局。

能力培养目标

✧ 能够掌握厨房的合理布局。
✧ 能够正确了解厨房工作区的用途。

职业情感目标

✧ 正确了解厨房的布局并掌握厨房作业的合理性，增加对厨房的了解，更好地为工作打好基础。

任务 1　中餐厨房规划布局

[案例导入]

厨房生产的工作流程、生产质量和劳动效率，很大程度上受到厨房布局的制约。厨房布局是否合理直接关系到员工的工作量、工作方式和工作态度，并且还关系到部门之间的联系和投资费用等。科学合理的厨房布局可以降低生产人员的体力消耗，降低厨房经营成本，方便管理，提高动作质量和工作效率。厨房布局就是根据厨房的建筑规模、格局、形状、生产流程及厨房内各工作区之间的工作关系，确定厨房各岗位的位置，以及设备和设施的分布。实施合理的布局，必须对诸多因素加以考量。

[任务布置]

本次课的主要任务是掌握中餐厨房的规划布局，了解厨房工作区设计的要点、厨房工作区规划以及其他区域设计布局。

[任务实施]

4.1.1　厨房设计要求

厨房设计应以布局合理、方便实用、节省劳动、改善厨师工作环境为原则，不必追求设备多多益善。厨房设备太多没用，不仅会造成投资增大，而且会占用厨房空间，使厨房生产操作施展不开，增加不安全因素，更没有必要一味追求气派漂亮，造型花哨。

厨房设计按工作区分布有 5 种基本类型：一字形、L 形、U 形、走廊形、变化形。在设计工作之初，最理想的做法就是以个人日常操作家务的程序作为设计的基础。

① 一字形：把所有的工作区都安排在一排空间上，通常在空间不大、走廊狭窄的情况下采用。所有工作都在一条直线上完成，节省空间。但工作台不宜太长，否则易降低工作效率。在不妨碍通行的情况下，可安排一块能伸缩调整或可折叠的面板，以备不时之需。

② L 形：将清洗、配膳与烹调三大工作区，依次配置于相互连接的 L 形空间。最好不要将 L 形的一面设计过长，以免降低工作效率，这种设计比较普遍、经济。

③ U 形：工作区共有两处转角，与 L 形的功用大致相同，空间要求较大。水槽最好放在U 形的底部，并将配膳区和烹饪区分设两旁，使水槽、冰箱和灶具连成一个正三角形。U形之间的距离以 120~150 cm 为好，使三角形总长及总和在有效范围内。此设计可增加更多的收藏空间。

④ 走廊形：将工作区安排在两排的平行空间上。在工作区分配上，常将清洁区和配膳区安排在一起，而烹调区独居一处。如有足够空间，餐桌可安排在房间尾部。

⑤ 变化形：由以上 4 种基本类型演变而成，可依空间及个人喜好有所创新。将工作台打造为岛型，是一款新颖别致的设计；在适当的地方增加了工作台设计，可灵活运用于制作早餐、插花、调酒等。

工作台高度依人体身高设定，橱柜的高度以适合最常使用厨房者的身高为宜，工作台应高 800~850 mm；工作台与吊柜底的距离需 500~600 mm；而放双眼灶的炉灶台面高度最好不超过 600 mm。吊柜门的门柄要方便最常使用者的身高，而方便取存的地方最好用来放置常用品。

照明要兼顾识别力，厨房的灯光以采用能保持蔬菜水果原色的荧光灯为佳，这不仅能使菜看更吸引食欲，也有助于厨师在洗涤时有较高的辨别力。

天花板装上格栅反光灯盘是比较经济实用的选择，照明充足且方便拆卸清洗；吊柜下部亦可装上灯，避免天花板下射的光线造成手影，进一步方便洗涤工作。

管线布置应注重技巧性，厨房设备越来越电子化，除冰箱、电饭锅、抽油烟机这些基本的设备外，还有消毒柜、微波炉等，再加上各种食物加工设备，因此插头分布一定要合理而充足。

厨房的设计，按是否开放分为密闭式和开放式两种。厨房装修方面要以如下几个方面为标准：

① 灯光设计：整体亮度要足够，在吊柜下装饰灯具能有效地增加照明度。厨房灯光需分成两个层次：一个是对整个厨房的照明，一个是对洗涤、准备、操作的照明。

② 色彩设计：选择活泼明快的色彩，以营造轻松气氛。

③ 通风设计：要保持通风，除了安装抽油烟机外，还应加装排气扇。

④ 工作台设计：高度应在 850~900 mm，台面深度不少于 600 mm，太矮或太浅都不利于操作。

⑤ 防火设计：厨房的顶面、墙面宜选用防火、耐热、易于清洗的材料，如釉面瓷砖墙面、铝板吊顶等。

⑥ 合理布局：厨房设计应合理布置灶具、抽油烟机、热水器等设备，必须充分考虑这些设备的安装、维修及使用安全。厨房中储藏、洗涤、烹调三大功能区，往往形成工作三角区，依不同户型可设计为一字形、L 形、U 形、走廊形、变化形等，各有优势。对工作三角区的巧妙设计与运用，会使厨房更臻完美。

⑦ 安全性设计：地面不宜选择抛光瓷砖，应选用防滑瓷砖以防滑倒等意外情况。

⑧ 要善用自然光：阳光的直接射入，可使厨房舒爽并节约能源，更令人放松身心。

⑨ 要注意防水防漏：厨房地面要低于餐厅地面，并做好防水防潮处理，避免渗漏造成污染等。

⑩ 厨房是烹饪的场所，需要运用人体工学原理，合理布局。注重实用。吊柜一般做成300~400 mm 宽的多层格子。吊柜与操作平台之间的间隙一般可以利用起来，放置一些烹饪所需的用具。把冰箱、烤箱、微波炉、洗碗机等布置在橱柜中的适当位置，以方便使用。

其他注意事项：

① 厨房门开启与冰箱门开启不要冲突。

② 抽屉不要设置在柜子角落里。餐具忌暴露在外，厨房里锅碗瓢盆、瓶瓶罐罐等物品既多又杂，如果暴露在外，易沾油污又难清洗。因此，厨柜应尽量采用封闭形式，将各种用具和物品分门别类收纳于厨柜内，既卫生又整齐。

③ 地面适用防滑及质料厚的瓷砖，且接口要小，便于清洁。厨房是个容易藏污纳垢的地方，应尽量不留有夹缝。例如，吊柜与天花板之间的夹缝就应尽量避免，因天花板容易凝聚水蒸气或油烟渍，柜顶又易积尘垢，它们之间的夹缝日后就会成为保洁的难点。水池下边

管道缝隙也不易保洁，应用门封上，里边可以放垃圾桶或其他杂物。

④ 厨房的电器很多，要多预留些插孔，且需安装漏电保护装置。厨房是个潮湿易积水的场所，所有表面装饰用材料都应选择防水或耐水性能优良的材料。地面、工作台的材料应不漏水、不渗水。墙面、顶棚材料应耐水、可用水擦洗。

⑤ 厨房内灯光要足够，照出来的灯光必须是白色的，否则影响厨师判断菜品，以致食物是否做熟也分辨不出来。同时，要避免灯光产生阴影，所以射灯不适宜在厨房使用。

⑥ 装修厨房前需要把厨房内的暖气片考虑进去，以防与柜门、抽屉碰撞；忌易燃材料。火是厨房里必不可少的，所以厨房里使用的材料必须注意防火，尤其是炉灶周围更要使用阻燃材料。

⑦ 厨房窗户的开启与水龙头不得冲突。厨房启用前应进行两次测试，不妥之处应及时更改。灶台与水池的距离不宜太远或太近。

⑧ 冰箱进厨房已是趋势，但位置不宜靠近灶台，因为灶台经常产生热量而且又是污染源，影响冰箱内的温度。冰箱也不宜太接近水池，避免因溅出来的水引起冰箱漏电。

4.1.2 厨房各工作区的设计要点

现在饭店的厨房设计有几种情况：一是新建或改造厨房时片面追求设计效果图整齐，买设备只注重外表，结果买回的设备板太薄、质太轻，工作台一用就晃，炉灶一烧就鼓，冰箱一不小心就升温。还有些设备看似新颖，功能超前，实用价值却不高，如好多国产的运水烟罩、升降传菜梯等。往往是施工人员撤出，饭店筹建人员退场，接手的厨师叫苦不迭，厨师成了设备的奴隶。二是不论自家饭店经营什么风味的产品，其设备都选配广式炉灶，认为只有这样的配备，厨房才是先进的。广式炉灶是与粤菜的烹调方法、成品特色相配套的。广式炉灶的总体特点是火力猛、易调节、好控制，最适合于旺火速成的粤菜烹制。可现在有许多经营淮扬菜、海派菜或者杭州菜的菜馆仍选配广式炉灶，制约了厨师烹饪操作。殊不知，淮扬菜擅长炖、焖、煨、海派菜浓油赤酱，这都需要炉灶有支火眼配合猛火使用等。如不考虑这些因素，不仅成品风味难以地道、质地难以保证而且浪费了厨师的劳动力。三是为了改善厨师的工作环境，使厨房先进整齐，于是就无节制地扩大面积，拓展空间。不仅如此，还把偌大的一个厨房进行无限分隔，各工作区互相封闭，看不见，叫不应，既增加了厨师搬运货物的距离，又不便互相关照，提高工作效率，也就更容易产生安全隐患。

因此，厨房的设计应紧紧围绕饭店的经营风格，以实用、耐用和便利为原则。应在以下几个方面特别加以重视：

1）厨房的通风

厨房不论是选配先进的运水烟罩，还是采用简捷的排风扇，最重要的是要使厨房，尤其是配菜区、烹调区形成负压。所谓负压，即排出去的空气量要大于补充进入厨房的新鲜空气量，这样厨房才能保持空气清新。做好油烟分离，但在抽排厨房主要油烟的同时，也不可忽视烤箱、焗炉、蒸箱、蒸汽锅以及蒸汽消毒柜、洗碗机等设备产生的废气，要保证所有烟气都不在厨房工作区弥漫和滞留。

2）厨房的明厨、明档

餐馆设计明厨、明档是餐饮业发展到一定时期的产物。设计明厨、明档不得增加餐厅的油烟、噪声和有碍观瞻场景。有时只宜在生产的最后阶段做展示性的明厨设计，没有必要把全部生产过程完全展示出来。

3）厨房地面

厨房的地面设计和选材切不可盲从，必须审慎定夺。在没有选择到新颖实用的防滑瓷砖前，尽量使用红钢砖。

4）厨房的用水和明沟

有许多厨房在设计水槽水池时，配备的水槽水池都太少、太小，使厨师要跑很远才能到达水池，于是厨师忙起来就很难顾及清洗，造成厨房的卫生状况很难令人满意。厨房的明沟是厨房污水排放的重要通道。可有些厨房的明沟或太浅，或太毛糙，或无高低落差，或无有机连接，臭气熏人。因此，在进行厨房设计时，要充分考虑原材料化冻、冲洗，厨师清洁用水等各种需要，尽可能在合适位置配备单槽或双槽的水池，切实保证食品生产环境的清洁卫生。

5）厨房的灯光

餐厅的灯光注重营造氛围，厨房的灯光注重实用。这里的实用，主要指临炉炒菜要有足够的灯光以把握菜肴色泽；案板切配要有明亮的灯光，以有效地防止刀伤并便于追求精细的刀工；打荷出菜的上方要有充足的灯光，以切实减少杂物混入菜肴。厨房的灯光无须像餐厅一样豪华典雅、布局整齐，但绝不可忽视。

6）辅助设计是强化完善餐饮功能的必要补充

辅助设计，主要是指在餐饮功能的划分上，既不算直接服务于顾客用餐的餐厅，也不属于服务菜肴生产制作的厨房。但少了这些设计，餐厅可能会显得不雅、粗俗，甚至嘈杂、凌乱，厨房生产和出品也会变得断断续续，甚至残缺不全。这些辅助设计主要有备餐间和洗碗间等。

备餐间是配备开餐用品，创造顺利开餐条件的场所。传统的餐饮管理大多对此设计和设备配备没有给予足够的重视。因此，许多餐厅出现了弥漫污烟浊气、出菜服务丢三落四的现象。

备餐间设计要注意以下几个方面：

一是备餐间应处于餐厅和厨房的过渡地带，以便夹菜、放菜、传菜，便于通知划单员，要方便起菜、停菜等信息的沟通。

二是厨房与餐厅之间采用双门双道。厨房与餐厅之间真正起隔油烟、隔噪声、隔温度作用的是两道门。同向两道门的重叠设置不仅起"三隔"的作用，还遮挡了顾客直接透视厨房的视线，有效解决了饭店陈设屏风的问题。

三是备餐间要有足够的空间和设备。

🔔 4.1.3 厨房作业区规划

1）厨房的组成及区域部门布局

① 食品原材料的接收、储藏及加工区域包括进货口、验货处、干货库、冷藏库、办公室和粗加工处。

② 烹饪工作区应包括冷菜间、点心房、配菜间、炉灶间、办公室等。冷菜间、点心房

与办公室必须分别隔开，配菜间与炉灶间可以合在一起。

③备餐洗涤工作区应包括备餐间、清洗间和餐具储藏间。小型饭店可以不进行分隔。

2）工作区域的布局

①直线形布局：就是将设备按"一"字形靠墙或在一个长方形的通风排气罩下排列，适合于各种厨房。

②L形布局：通常沿墙壁设置成一个犄角形。这种布局往往能利用厨房空间，减少厨房空间的浪费。

③U字形布局：将设备的摆放和工作流程设计成U字形。

④平行状布局：将设备分成两排，面对面或者背靠背平行排列。

🔔 4.1.4 其他区域设计布局

在餐饮经营中，适宜的洗碗间设计与配备可有效减少餐具破损，保证餐具洗涤及卫生质量。在设计时，应处理好以下几方面的问题：

①洗碗间应靠近餐厅、厨房，并力求与餐厅在同一平面。洗碗间的位置，以紧靠餐厅和厨房、方便传递脏的餐具和厨房用具为佳。洗碗间与餐厅保持在同一平面，主要是为了减轻传送餐具员工的劳动量。

②洗碗间应有消毒设施。洗碗间不仅承担清洗餐具和厨具的工作，同时承担所有餐具的消毒工作。靠手工洗涤餐具的洗碗间，必须在洗涤之后，根据本餐厅的具体情况配置专门的消毒设施。消毒之后的餐具用清洁布擦干，以供餐厅和厨房使用。

【练习与思考】

一、课后思考

1. 厨房设计的要求有哪些？
2. 厨房工作区布局的原则有哪些？

二、实践活动

以班为单位，到具体餐饮企业进行学习、参观，了解厨房设计，写出观后感。

项目5
食品原材料管理

通过本项目的学习，学生能够了解食品原材料管理的意义，掌握原材料采购的要求与方法，熟悉食品原材料采购的程序；能够从整体上对食品原材料的采购、验收、储存和发放有一个较为全面的认识和了解，懂得管理好原材料对厨房生产的意义。

知识教学目标

✧ 掌握食品原材料采购管理。
✧ 掌握食品原材料验收管理。
✧ 掌握食品原材料库房管理。

能力培养目标

✧ 能够认识食品原材料采购、验收、储存、发放的重要性。
✧ 能够正确理解食品原材料采购、验收、储存、发放的要求、程序及方法。

职业情感目标

✧ 掌握食品原材料的管理知识，能直接对行业进行了解，增加对本专业的情感。
✧ 能促进对本专业知识在工作中的应用。

任务 1　食品原材料采购管理

[案例导入]

采购工作是餐饮企业经营的起点，也是餐饮企业经营的首要环节。采购工作为餐饮企业经营提供物质基础，保证加工销售的正常进行，从而满足顾客的需要。

采购工作直接影响企业各项经营活动的开展，如厨房烹制菜肴所需要的原材料、燃料，经营所需的设备、用具、器皿、日常消耗品和零部件等，都是通过采购工作获得的。采购食品原材料的质量好坏，规格、价格及数量的差异，都在一定程度上直接或间接地影响企业的产品质量、产品成本、服务质量以及经济效益和社会效益。

[任务布置]

本次课的主要任务是了解和掌握食品原材料采购的程序、方法，以及食品原材料采购的质量、价格和数量的控制管理方法。

[任务实施]

5.1.1　食品原材料采购的程序

采购程序是采购工作的核心。实施采购首先应该制订一个有效的工作程序，使从事采购的有关人员都清楚应该怎么做，怎样沟通，形成一个正常的工作程序，也使管理者便于控制和管理。

1）供货商的选择

（1）供货商资格

供货商出具营业执照、税务登记证、卫生许可证等资质文件。对于经营一些特殊商品的供货商，还应该具有特殊商品经营许可证。

（2）供货商规模

对供货商规模的考查，主要看供货商的注册资金。一般来讲，供货商的营业执照上面有工商部门核实的注册资金，或者由供货商提供的会计事务所出具的验资证明文件。

（3）供货商的结算方式

结算方式包括双方约定的结算时间和支付方式。

2）采购的一般程序

（1）开单

厨师长根据餐厅的客源状况以及厨房的生产能力，对一定时期内的用料做出预测；然后根据预测的结果，统计出每种原材料的消耗量，开出原材料单，并且确定每种原材料的采购数量、品种、规格、送货时间。

（2）行政总厨审核采购单

厨师长开出原材料单，并将统计结果报给行政总厨。行政总厨根据餐厅的经营状况，对原材料单进行一定的修改和补充，最后签字确认。

（3）采购人员下单

采购人员根据原材料单上的内容对原材料进行分类，按照原材料单的要求将各种原材料报给供货商，并告知送货注意事项。

（4）送货

供货商根据餐饮企业的订单，按时、按量、按质将原材料送到指定的地点，接受验收员的验收。

在整个采购活动中，企业管理者应严格按采购程序，对各环节进行督导，明确部门的责任，以保证各餐厅和厨房及时领取适量的新鲜原材料。

5.1.2 食品原材料采购的方法

中小型餐厅的采购人员在为企业购买食品原材料和其他物品时，由于原材料性质的不同、使用上急缓程度的不同，因此采用的采购方法也多种多样。有时在采购过程中，也常常会遇到购货地点较远、交通不便以及临时突发情况等，都会给采购人员造成困难。这就需要采购人员因势利导、灵活掌握，采取不同的方式尽心尽力地完成采购任务。

采购人员要根据本企业每天的营业情况和效益好坏程度，对原材料的具体消耗情况和必备的食品做到心中有数，从而选择不同的采购方式。采购人员一是要善于观察，二是要熟悉购买清单的具体内容，使到货准确及时，质量合格，价钱合理。采购人员平时工作时要注意拓宽进货渠道，做到货比三家。为了顺利完成采购工作，一般采取定时进货、临时进货及电话进货等相结合的方式，不断提高工作效率，保证餐饮企业各部门的需要。

1）定时进货

一般有经验的采购人员，在定时进货问题上分两种情况：一是对可能提前进货的原材料如干货（鱼肚、粉丝、淀粉等）、调味品（番茄酱、干辣椒、白糖等）、烟、酒及备用物品，应在防止过分积压或脱销的情况下，适当提前进货以保证库存量；二是保证当日企业各部门所需物品。为保证厨房使用到新鲜的鱼、蔬菜、豆制品、鲜活海产品等，必须在当天早上采购。由于有时间性，为保证原材料的新鲜程度必须定时进货。

2）临时进货

临时进货的采购方法一般在正常采购之外，是为应对临时出现的特殊情况所采取的一种紧急采购方式，这是在一般中小型餐厅中难以避免的。这里也分两种情况：一是对在前一天厨房请购时遗漏的原材料，或是由业务突变、上座率提高而导致的原材料短缺，需要临时采购保证业务正常运转。二是发生紧急特殊情况时，比如电闸保险丝断裂导致停电，没有备用的原材料，则急需采购。当企业出现此种需临时进货的情况时，采购人员应想尽一切办法做好"补救"工作。

3）电话进货

为了减轻采购人员日常亲自去市场或商店采购的压力，除有些货物必须亲自采购之外，可以用打电话的方式进行订货。平时采购人员多选择一些供货商，多储存一些供货商的电话，并建立良好的合作关系，在特殊情况下可协助送货上门，以减轻采购人员的劳动量，达到进货及时、保证需求的目的。

4）外出进货

一般较为上档次的餐饮企业，由于经营的需要，经常要到原材料的原产地进行采购，如较为高档的山珍海味、干货和菌类等，为了减少中间环节、降低成本，一般到外埠采购的机会较多。尤其大宗的进货，在选择上既直观又可防止假冒，价格上也便宜。这种定期的外出进货，也是采购人员的一种采购方式。这就要求采购人员必须有分辨和识别原材料的能力，不但要保证原材料的质地，还要了解其出成率。

根据不同的情况，还有很多种不同的采购方式，如集中采购、联合采购、定向采购。究竟企业适合哪种方式，还要根据企业的档次、规模和实力酌情决定和实施。

🔔 5.1.3　食品原材料采购管理方法

1）制订采购分析报告

一般而言，在采购之前首先要做采购分析，以决定是否需要采购、怎样采购、采购什么、采购多少以及何时采购等。在制订采购分析报告时，主要对采购可能发生的直接成本、间接成本、自行制造能力、采购评价能力等进行分析比较，并决定是否从单一的供应商或从多个供应商采购所需的全部或部分货物和服务。

2）编制采购计划

根据采购分析报告的分析结果，编制采购计划，说明对采购过程如何进行管理，具体包括合同类型、组织采购的人员、管理潜在的供应商、编制采购文档、制订评价标准等。根据项目需要，采购计划可以是正式的、详细的，也可以是非正式的、概括的。

3）询价

询价是价格谈判中不可缺少的重要一环。询价的具体操作方式，因人因地因时而异，效果有差别。如北京国际饭店的做法是询价三人行。其饭店总厨师长助理解释了这个做法的必要性。每月两次市场询价时，采购人员、库房验收员、厨师长三人同行，采购员最熟悉市场价格走势，库房验收员注重货品品相，厨师长明白质量优劣，三人发挥各自特长，共同把关价格。厨师长时常逛逛市场的好处有两个，一是及时了解市场行情，二是注意开拓新的货源。近几年，餐饮行业的原材料呈现日新月异的变化，比如说，一些新型水果、特种蔬菜、环保器皿等，能够丰富餐饮需求，对餐饮经营很有帮助。询价之后，制订出原材料（主要是鲜活部分）价格，发给各厨房，厨师长据此调整相应菜品。

4）选择供应商

餐饮业采购管理是餐饮企业成本控制的重要部分。对大多数餐饮企业而言，单一客户的采购量未必很大。相比之下，通过服务灵活的供应商进行采购时，买方庞大的采购量往往能够获得特别的折扣，甚至可以要求供应商储备一定的库存量，从而将自己的库存削减到最小。不仅如此，供应商通过增加库存和提供额外服务等方法，也可以与大客户建立相当紧密的伙伴关系。供应商通过大批量的商品进出，实现薄利多销；而当客户有其他的需求时，他们也往往会成为首选供应商，这实际上是一个双赢的局面。餐饮企业可根据既定的评价标准，选择一个供应商。

5）灵活进货减少存货

鲜活原材料应每日进货，日进日出，基本上不存货，既可保证原材料新鲜度，又可降低库存所占资金。对于急需的原材料实行"紧急采购"，由厨师长填单，经财务总监、餐饮总监共同签字后，直接采购，由厨师长验货。这样可减少中间环节，保证厨房的紧急需要。对于一些特殊原材料应实行单独采购，这样能够保证优质优价，做到既不存货、不浪费，也满足了需要。另外，库房还应不定期地打出"慢流动表"，凡是库存超过 100 天的品种，都要上"黑名单"，然后会同责任厨师长寻求解决办法，做到不浪费，再利用。

【练习与思考】

一、课后思考

1. 什么是食品原材料采购？
2. 食品原材料采购的方法有哪些？

二、实践活动

学生利用节假日，到各大超市、农贸市场了解食品原材料及价格。

任务 2　食品原材料验收管理

[案例导入]

对于餐饮企业来说，该如何把好食品原材料的验收控制关呢？记者就此问题采访了市食品安全监督所的工作人员。

据市食品安全监督所工作人员介绍，食品原材料的验收是指食品原材料验收员根据本企业制订的食品原材料验收程序，对供应商发送的采购员购来的食品原材料质量、数量、规格、单价和总额进行验收，将检验合格的食品原材料送到仓库或厨房，并记录检验结果的过程。食品原材料验收工作应由专职验收员负责。

在食品原材料验收控制中，为了达到验收效果，验收人员必须按照本企业制订的验收程序进行原材料验收。通常，食品原材料的验收工作按照下列程序进行：首先，验收人员应根据本企业的食品原材料订购单，核对供应商送来或采购员采购来的货物，防止接收本企业未订购的、重量或数量、质量或规格与订购单不相符的任何货物；然后，验收人员应认真将供应商发货票上的货物名称、数量、产地、规格、单价和总额与本企业的食品原材料订购单、实际收到的食品原材料进行核对，以免支付供应商过高的购货款；接下来，在货物包装上或肉类食品原材料的标签上注明收货日期、重量和单价等有关数据，以方便计算食品成本和执行"先入库先使用"的原则；食品原材料验收合格后，验收人员应在发货单上盖上验收合格章，并将验收的内容和结果记录在每日验收报告单上；最后，将验收合格的食品原材料送至仓库或厨房。

[任务布置]

本次课的主要任务是掌握了解食品原材料的验收程序、验收方法以及食品原材料数量与质量的验收控制管理方法。

[任务实施]

5.2.1　食品原材料验收的一般程序

验收的程序主要有：核实收受项目—检查食品原材料质量和规格—检查食品原材料的数量—签字盖章送库储存或厨房—填写有关验收报表和记录。

5.2.2　食品原材料验收方法

餐饮经营中的食品原材料验收通常采用按发票验收和填单验收两种基本方法。

1) 食品原材料品质的基本要求

首先是根据烹饪的要求，按照合理和营养的原则来确定。其次是按照食品原材料的食用习惯和食用价值来确定。

2）品质鉴定的依据和标准

根据食品原材料品质鉴定的基本要求，品质鉴定的依据和标准主要有以下几点：

① 嗅觉检验：即用嗅觉器官来鉴定食品原材料的气味，如出现异味，说明已变质。

② 视觉检验：视觉检验范围最广，凡是能用肉眼根据经验判断品质的都可以用这种方法对原材料的外部特征进行检验，以确定其品质的好坏。

③ 味觉检验：可根据食品原材料的味觉特征变化情况来鉴定品质的好坏。

④ 听觉检验：有些食品原材料可以根据听觉检验的方法鉴定品质的好坏。

⑤ 触觉检验：触觉是物质刺激皮肤表面的感觉。根据手指的敏感性，接触食品原材料可以检验原材料组织的粗细、弹性、硬度等，以确定其品质好坏。感官鉴定品质的方法是常用的基本方法，还有精确可靠的理化鉴定，如肉类水分快速测定、农药残留测定、吊白块测定、甲醛测定等。

5.2.3 食品原材料数量与质量验收控制管理方法

食品原材料的验收应根据不同的品种采用不同的验收方法，或根据订购单（或订购合同书）上规定的项目进行逐项验收。常见的验收项目一般包括品种验收、数量验收、质量验收等。

1）品种验收

对食品原材料的验收，首先要进行的是品种验收，确认采购的食品原材料的品种是否符合厨房的要求。由于食品原材料种类繁多，有些食品原材料的品种也不是验收人员都能够准确加以识别的，对有异议或辨认不清的食品原材料应请有经验的厨师帮助识别验收，以免出现验收差错或把关不严等问题。

2）数量验收

对零散的食品原材料，需要进行称重的应该一一过秤；对按个数计数的，要一一清点个数。对运用有大包装（运输包装）的，首先应按包装进行大数点清，其办法有两种：一是逐件点数计总或计数器计总；二是集中堆码点数。在大数点验的同时，还要对大包装进行仔细查看，检查是否有破损、渗漏等异常状况。大数点清后，再根据外包装标注的个数、重量、容量等对大包装内的具体数量进行汇总，最后验清每个品种的总量。

3）质量验收

食品原材料的质量验收是最为复杂的环节，不仅需要专业的仪器设备，还需要依靠一定的感官经验进行鉴别，而一些包装好的原材料则应进行抽样检验等。

（1）感官检验

感官检验是指以验收人员的味觉、嗅觉、视觉、触觉和听觉来鉴别食品原材料质量优劣的一种方法。它主要通过气味、滋味、口感、色泽、外观、手感、音响等方面来判别食品原材料的质量状况。虽然得不出准确的验收数据，但有经验的验收人员还是能够判断出质量优劣。感官检验主要适用于那些鲜活类的食品原材料，如常见的蔬菜、水果、禽畜肉类等。由于这些新鲜的食品原材料需求量较大，每天都需要购进，而在品质检验方面又没有快速检验质量的设备仪器，因此只能依靠验收人员（或厨房员工）的感官经验进行质量鉴别。

（2）查验包装

对打包运输的食品原材料，则要首先查验包装，查看包装是否完好无损。食品原材料的包装破碎，不仅会影响原材料的数量，甚至还会影响食品原材料质量的变化。因此，查验包装是验收工作的重要环节。有些食品包装异常，待入库后将可能对库存食品原材料产生更严重的影响。

（3）查验包装标志

查验包装标志是质量验收的重要内容。食品标签内容应符合《食品安全国家标准 预包装食品标签通则》（GB 7718—2011）和《食品安全国家标准 预包装特殊膳食用食品标签》（GB 13432—2013）的规定。其内容主要包括：食品名称，配料表或成分，净含量及固体物含量，制造者、经销者的名称和地址，日期标志和储藏指南，质量（品级）等级，产品标准号，特殊标注内容等。对食品标签不符合规定要求的不予验收，尤其应注意保质期。

（4）抽样

在进行质量验收时，一些数量较大、包装复杂的食品原材料，不可能对所有批次逐一进行检验，这样就需要从批量中提取少量具有代表性的样品，作为评定该批量食品原材料质量的依据。这种提取样品的检验方法就是验收抽样。抽取的样品必须具有代表性，即能够正确代表批量食品原材料的质量状况。如果抽取的样品不具有代表性，会使验收食品原材料的质量变得毫无意义。抽样的方法一般有百分比抽样和随机抽样两种。百分比抽样是在该批量中不论批量的多少均按一个百分比从中抽取样品。随机抽样是在该批量食品原材料中每个均有同样被抽取的机会，验收人员完全用随机的方法抽取样品。随机抽样因其操作方法的不同，可以采取单纯随机抽样、分层随机抽样或系统随机抽样等方法。

【练习与思考】

一、课后思考

1. 什么是食品原材料验收？
2. 食品原材料验收的方法有哪些？

二、实践活动

学生利用节假日，到各大超市和农贸市场了解食品原材料及其品质和品种。

任务 3　食品原材料库房管理

[案例导入]

对餐饮企业而言，食品原材料的储存管理、发放控制以及对储存原材料所代表价值的核算与控制，与食品原材料的采购、验收一样，对餐饮产品的质量和企业食品成本控制有着举足轻重的影响。许多餐饮企业对食品原材料的储存管理混乱，引起食品原材料变质腐败，或遭偷盗、丢失，或被私自挪用。库存管理不严，不仅使企业的餐饮成本和经营费用提高，而且顾客也得不到高质量的餐饮产品。

[任务布置]

本次课的主要任务是了解、掌握干货原材料储存的管理要求、食品添加剂的管理要求、冷藏冷冻原材料储存的管理要求、水产品活养原材料的管理要求、合理库存量的确定、原材料的发放管理、原材料的盘存管理。

[任务实施]

5.3.1　干货原材料储存的管理要求

①食品原材料应放置在货架上储存，货架距离墙壁至少5 cm，距离地面15 cm，便于空气流通和清扫，并防止污染。

②食品原材料放置应远离自来水管道、热水管道和蒸汽管道。

③使用频率高的食品原材料应放在容易拿到的下层货架上，货架应靠近库房入口处。

④重的食品原材料应放在下层货架上，高度要适中；轻的食品原材料放在中高层货架上。

⑤各种打开包装的食品原材料，应存于贴有标签的容器里，并能防尘、防腐蚀。

⑥所有有毒的物品，如杀虫剂、肥皂等不得放在食品原材料储藏室。

5.3.2　食品添加剂的管理要求

①采购食品添加剂时必须由采购人员到有资质的专卖店进行采购，并索取相应票证，仓库管理人员必须对票证等资料进行存档备查。

②食品添加剂必须放在指定区域的专柜保存，并注明品名。

③领用食品添加剂时必须由两名经过培训的职业厨师共同领取、使用、配制。

④库管人员必须使用食品药品监督部门监制的台账，每次领用食品添加剂必须按要求逐项登记。

5.3.3　冷藏冷冻原材料储存管理要求

1) 冷藏食品原材料的储存要求

①经常检查冷藏室的温度。各类食品原材料适宜的冷藏温度如下：新鲜蔬菜 –7 ℃或以

下，乳类、肉类 –4 ℃或以下，海鲜 –10 ℃或以下。

②不得将食品原材料直接置于地面或基座上。

③安排定期清洁冷藏室的时间表。

④在进货时记录下该食品进货日期，出清存货以"先进先出"为原则。

⑤每日检查水果及蔬菜是否有损坏。

⑥将乳品与气味强烈的食品原材料分开存放，鱼类与其他类食品原材料亦要分开存放。

⑦建立冷藏设备的维修计划。

2）食品原材料的冷冻

食品原材料的冷冻储存温度一般应为 –23 ～ –18 ℃。原材料冷冻的速度越快越好，因为快速冷冻之下，食品原材料内部的冰结晶颗粒细小，不易损坏组织结构。

任何食品原材料都不可能无限期储存，其营养成分、香味、质地、色泽都将随着时间的延长逐渐流失和降低。即使在 0 ℃以下的冷冻环境中，食品原材料内部的化学变化依然持续发生。例如，在 –12 ℃时，豌豆、青豆等原材料在不到两个月的时间内就会发黄，并丧失其香味。有个规则是：冷冻库的温度每升高 4 ℃，冷冻食品原材料的保存期限就会缩短一半，因此食品原材料的冷冻也需注意储存时间。

冷冻食品原材料的储存应注意下列要点：

①立即将冷冻食品原材料存放在 –18 ℃或更低的温度中。

②经常检查冷冻室温度。

③在所有食品原材料容器上加盖。

④冷冻食品原材料须包好，避免食品原材料发生脱水冷冻现象。

⑤必要时应进行除霜，以避免累积厚霜。

⑥预定好开启冷冻库存取货时间，避免多次进出而浪费能源。

⑦在进货时，记录下该货品进货日期；出清食品原材料时，以"先进先出"为原则。

⑧经常保持货架与地面清洁。

⑨建立冷冻设备的维修计划。

⑩冷冻食品原材料解冻时也要注意适当的方法。

🔔 5.3.4 水产品活养原材料的管理要求

水产品活养应根据不同的品种采用不同的方法，如鲜活鱼虾应放在清水里（最好是河水）活养；螃蟹则应用湿蒲包将其排实扎紧，减少其活动，否则易造成其消瘦或死亡。

水产品的活养需要大型的水池，所有活养的水池内均要安装新水循环系统、温度调节系统和氧气泵。水产品在活养期间必须保持 24 小时不间断的新水循环与供氧。其他工具则包括漏网、塑料筐、塑料袋、电子秤、温度计等，工具的清洁度必须达到卫生标准。

水产品活养的环境要求：主要取决于水的温度、盐度和水的清洁度。注：盐度（1 kg 海水所含的盐类克数称为盐度）。

活养海鲜的必备工具：

①温度计：测量海鲜池的水温。

②海水浓度计（又称盐度计）：监测水池含盐的浓度。

③恒温器：提供热能。

④ 氧气泵：为单个水池制造氧气。

⑤ 循环水设备：使水池里的水上下左右循环流动，并在流动中自然充氧。

⑥ 制冷设备：降低水池内的水温。

⑦ 过滤网：过滤池水杂质。

常见海鲜品种的水温、盐度、存活期和喂养方式：如表5.1所示。

表5.1 常见水产品的水温、盐度、存活期和喂养方式

品种	水温/℃	盐度/%	存活期	喂养方式及其他
澳洲龙虾	夏季12~15 冬季18~19	24~26	龙虾一般可存活7天	在水不浑的情况下，可每3个月换一次水。澳洲龙虾生猛好动，除了小龙虾外，最好不与其他海鲜混养
小青龙（小龙虾）	17~18	24~26	一般可以存活3~4天	可与龙虾混养
多宝鱼、三刀鱼	18~19	16~18	最多可喂养15天	每周换一次水，二者可混养
花蟹、珍宝蟹、梭子蟹、膏蟹	17~19	23~24	一般可存活7天	所有的蟹类都可混养
蛤蜊、蛏子	13~15	12~15	可存活5天左右	一般都用流动水喂养，而且这些贝类一般没有混养禁忌，但是由于个体较小，因此需单独放置
鲟鱼、昂刺鱼、河虾	12~15	0		鲟鱼较勇猛，故需单独喂养，其他的品种可混养
明虾、基围虾、螺蛳虾、草虾	18~19	16~18	最多可存活1~2天	由于虾类极易使水质变坏，因此每隔1天换一次水，如果发现水池中有死虾，必须马上捞出。因酒店喂养量大，故一般单独喂养
左口鱼	约为-2	24~25	最多可喂养15天	每周需换一次水
扇贝、带子、青口、花螺	0	18~20	最多可以喂养3天	一般都用流动水喂养。这些贝类一般没有混养禁忌，但是个体较小，因此需单独放置
东星斑、石斑、苏眉斑、老鼠斑、老虎斑等斑类鱼	20左右（冬季要用恒温器）	24~26		一般一星期换一次水，除了石斑鱼外，其余的皆可混养
象拔蚌	约为-2	24~25	一般可存活5天	平均2天换一次水，可以与左口鱼混养
加州鲈鱼	23~28	在10以下即可	一般可存活20~30天	一周换一次水，可与其他的品种鱼类混养
活鲍鱼	12~15	10~12	最多可以喂养15天	平均5天换一次水，一般单独喂养
活海参	15左右	10~22	最多可以喂养3天	平均2天换一次水，一般单独喂养
花蛤、香螺、文蛤、天鹅蛋	10	12左右	最多可以喂养5天	一般都用流动水喂养，而且这些贝类一般没有混养禁忌，且个体较小，因此需单独放置

🔔 5.3.5 合理库存总量的确定

确定合理库存总量和进货量的计算方法：

合理库存总量＝样品库存＋销售库存＋安全库存＝样品库存＋（日均销量 × 订货周期）＋（日均销量 ×5）

样品库存：指已付货款的摆柜样品。（超市无）销售库存：理论上满足日常销售所需要储备的最低库存，按日均销量和订货周期核算。日均销量：按前 3 个月的平均销量为基数，根据淡旺季适当调整，逢国庆节、店庆等重大节假日、活动日，可按同期平均销量酌情调整。订货周期（订货间隔期）：指两次订货的时间间隔。安全库存：按日均销量多备 5 天的库存量，可根据店铺销售和到货情况适当调整。

有效利用账期付款，实现零资金占用的原则是库存周转天数不大于账期付款天数。为此抓好两方面工作：一是与供应商谈判时，提前测算好商品的库存周转天数，争取让账期大于库存周转天数；二是在账期一定的前提下，应合理控制进货量，扩大销售，加快周转。一个结算周期的累计进货量上限应为日均销售和账期天数的乘积。

🔔 5.3.6 原材料的发放管理

科学的食品原材料发放管理可以保证厨房和酒吧能及时得到足够的原材料，控制厨房和酒吧的用料数量，并能正确地统计食品原材料的成本和食品原材料的库存额。

1）直接采购原材料的发放统计

直接采购原材料主要是指那些立即使用的、易坏的原材料，这些原材料进货后经过验收后直接发到厨房，而不必经过库房这一环节，其价值按进料价格直接记入当日的食品成本。食品成本核算员在计算当日直接采购原材料成本时，只需抄录验收员日报表中的直接采购原材料总金额即可。当一批直接采购原材料当天未用完，剩余部分可在第二天、第三天接着用，但原材料的发放和成本的计算按当天厨房的进料额计算。

2）库房采购原材料的发放管理

库房采购原材料包括干货食品、冷冻食品等。这些食品原材料经采购验收后送入库房，其价值计入流动资产的原材料库存项目内，而不是直接算作成本。在原材料从库房发出后，发出的原材料价值计入餐饮成本中。每日库房向厨房和酒吧发出的原材料都要登记，汇总每日库房发料的品名、数量和金额，注明这笔金额分摊到哪个餐饮部门的餐饮成本上，并注明领料单据的号码，以便日后查对。月末，将每日报表上的发料总额汇总，便得到本月库房发料总额。

为做好库存管理和餐饮成本的核算，库房原材料的发放要符合下列要求：

（1）定时发放

为使库管人员有充分的时间整理仓库，检查各种原材料的库存情况，不致因忙于发料而耽误了其他工作，餐饮企业应规定每天固定的领料时间。一般酒店规定 08：00—10：00和 14：00—16：00 为仓库发料时间，其他时间除紧急情况外一般不予领料。还有的企业规定领料部门应提前一天交领料单，使库管人员有充分的准备时间，以避免和减少差错。这样既节省了领料人员的时间，也方便厨房管理人员对次日的顾客流量做出预测，计划好次日的生产。

（2）**凭领料单发放**

领料单是仓库发料的原始凭证，它准确地记录了仓库向厨房发放的原材料数量和金额。领料单具体作用有：控制仓库的库存量；核算各厨房的食品成本；控制领料量。无领料单任何人都不得从仓库取走原材料。即使有领料单，也只能领取领料单上规定的原材料种类和数量。

凭领料单发放原材料的具体程序如下：

① 领料人根据厨房生产的需要，在领料单上填写品名、规格、单位及申请数量。领料数量一般按消耗量估计，并参考宴会预订单情况加以修正。

② 领料人填完以上栏目后，签上自己的姓名，持单请行政总厨或餐厅经理审批签字。没有审批人员签字，任何食品原材料都不可从库房发出。审批人员应在领料单的最后一项原材料名称下画条斜线，防止领料人在审批人员签字后再填写并领取其他原材料。

③ 库管人员拿到领料单之后，按单上的数量进行组配。由于实际发料数量和申请数量可能会有差异，所以发放数量应填写在"实发数量"栏中并填写金额栏，并汇总全部金额。

④ 库管人员将所有原材料准备好后签上自己的姓名，以证实领料单上的原材料确已发出，并将原材料交领料人。

⑤ 领料单应一式三联，一联随原材料交回领料部门，一联由库管人员交成本控制人员，一联由仓库留存作为进货的依据。

3）正确、如实记录原材料的使用情况

厨房人员经常需要提前几日准备生产所需的原材料。例如，一次大型宴会的菜品往往需要数天甚至更长的准备时间。因此，如果有的原材料不在原材料领取日使用，则必须在领料单上注明该原材料的使用日期，以便把该原材料的价值计入其使用日期的食品成本中。

4）内部原材料调拨的处理

大型餐饮企业往往设有多处餐厅、酒吧，因而通常会有多个厨房。有时厨房之间、酒吧和厨房之间会发生食品原材料的相互调拨的现象。为使各部门的成本核算尽可能准确，企业可以使用"食品原材料调拨单"记录所有调拨往来。在统计各餐厅和酒吧的成本时，要减去各部门调出的原材料金额，加上调入的原材料金额，这样可使各部门的经营情况得到正确反映。食品原材料调拨单应一式三份或四份，调入与调出部门各留存一份，另一份及时送交财务部。有的企业要另送一份给仓库记账。

5.3.7 原材料的盘存管理

首先，要根据企业的规模以及核算要求，确定相关成本的核算方法：比如直接记入成本，月末盘点再冲成本；先入库记入原材料，领用记入成本，月末盘点再冲成本等。一般情况是，如果企业规模较小，核算要求不高，可选择第一种做法。

① 如果对方能提供正规发票，菜肉等可直接记入"主营业务成本"。如果有库房，米油、调料可先记入"原材料"，领用时记入"主营业务成本"；如果没有库房，对方也能提供正规发票，则可直接记入"主营业务成本"。煤气，可记入"营业费用——燃气费"。

② 购入的酒水、饮料，如果有库房，可先记入"库存商品"，等售出后，结转成本；如果有香烟的销售资格，核算方法同前。如果没有库房，部分的收入、成本的处理要符合营业

执照的经营范围。

③ 厨师的工资记入"营业费用——工资"，不能记入成本。服务人员的工资也可记入"营业费用——工资"，其他管理人员记入"管理费用——工资"。一般情况下，工资要先计提。

④ 装修费记入"长期待摊费用"，摊销年限，参考租赁合同年限。

⑤ 入库时，分录：第一，先借后贷，借贷分行，借方在上，贷方在下；第二，贷方记账符号、账户、金额都要比借方退后一格，表明借方在左，贷方在右。不管对方是什么样的单位，都应该要求对方提供正规发票，如果没有，则相应的材料不能记入成本费用。

【练习与思考】

一、课后思考

1. 食品原材料管理的方法有哪些？

2. 库房原材料管理需要注意哪些事项？

二、实践活动

利用节假日，到餐馆、宾馆等地方参观学习。

项目6
厨房生产运行管理

现代厨房管理已进入一个崭新的发展阶段，传统厨房的面貌已被干净、明亮、整齐、美观的现代厨房所替代，厨房工作人员的观念也发生了翻天覆地的变化，设计健康、卫生、可口、优质、标准的产品已成为现代厨房管理工作者的工作重心。

结合现代餐饮行业的特点，围绕现代厨房的生产与管理进行全面的阐述与探讨，力求体现3个方面的特点：第一，时代性和实用性；第二，先进性和引导性；第三，现实性和实践性。

知识教学目标

◇ 掌握厨房组织结构与岗位配置。
◇ 了解厨房生产流程及管理重点。

能力培养目标

◇ 能够运用现代厨房管理中的新思路和新理念。
◇ 能够正确掌握现代厨房的运行管理方法。

职业情感目标

◇ 了解和掌握厨房的生产，加强对厨房管理的认识和运用。
◇ 提高对本专业知识的理解和应用。

任务 1 厨房生产运行管理

[案例导入]

随着当代企业趋于国际化的发展趋势，厨房生产也应该转换经营理念，把先进的管理思想、管理方法和管理手段与我国长期积累的管理经验结合起来，为餐饮经营、厨房管理架起一道桥梁，为餐饮企业完全面向市场进行公平竞争提供保证。厨房管理者在新的思路指导下，应不断除旧布新，使菜点在营养、卫生、口味、质量等方面符合国际标准，从而建立起管理有序、技术高强、具有竞争能力的厨师队伍。

[任务布置]

本次课的主要任务是了解和掌握厨房组织结构与岗位配置以及厨房生产流程及管理重点。

[任务实施]

6.1.1 厨房组织结构与岗位配置

1) 厨房组织结构

厨房组织结构如图 6.1 所示。

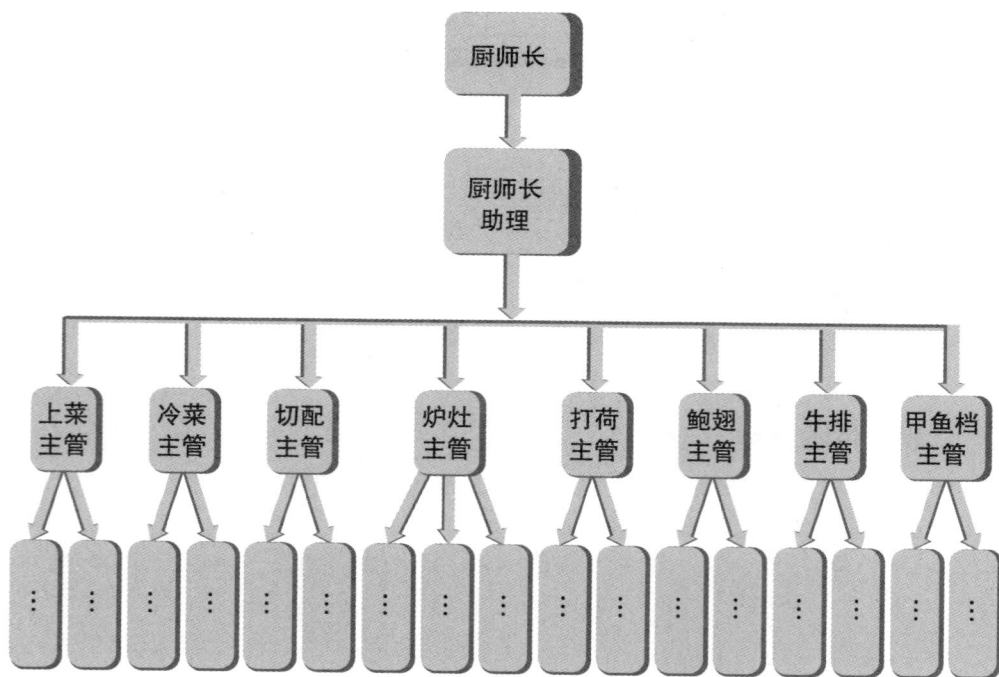

图 6.1 厨房组织结构图

2）岗位配置

厨房岗位人员配备，应综合考虑餐厅餐饮规模、等级和经营特色以及厨房的布局状况和组织机构设置等因素来确定。人员配备是否恰当，不仅直接影响劳动力成本、厨师队伍士气，而且对厨房生产效率、出品质量以及生产管理的成败有着不可忽视的影响。

（1）确定厨房人员数量

厨房人员因餐厅规模不同、星级档次不同、出品规格要求不同，而数量各异。在确定人员数量时，应综合考虑以下因素：

① 厨房生产规模的大小，相应餐厅、经营服务餐位的多少、范围的大小。

② 厨房的布局和设备情况，是布局紧凑、流畅，设备先进、功能全面，还是与之相差甚远。

③ 菜单品种的多少，制作难易程度以及出品标准要求的高低。

④ 员工技术水平的高低。

⑤ 餐厅营业时间的长短。

确定厨房人员数量，较多采用的是按比例确定的方法，即按照餐位数和厨房各工种员工之间的比例确定。档次较高的饭店，一般13~15个餐位配1名烹饪生产人员；规模较小或规格更高的特色餐饮部门，7~8个餐位配1名烹饪生产人员。

粤菜厨房员工配备比例一般为：1个炉头配备7个生产人员。如2个炉头，配2个炉灶厨师，2个打荷，1个上杂，2个砧板，1个水台、大案（面点），1个洗碗，1个摘菜、煮饭，2个走楼梯（跑菜），2个插班。如果炉头数在6个以上，可设专职大案。其他菜系的厨房，炉灶与其他岗位人员（含加工、切配、打荷等）的比例是1∶4，点心与冷菜工种人员的比例为1∶1。

确定厨房生产人员数量，还可以根据厨房规模设置厨房各生产岗位，将厨房所有工作任务分解到各生产岗位进行描述，进而确定各生产岗位所需要的人数，汇总厨房人员数量。

（2）厨师长的选配

厨师长是烹饪生产的主要管理者，是厨房各项规章制度的决定者。因此，厨师长选配的好坏直接关系到厨房生产运转和管理成败，直接影响到厨房生产质量的优劣和厨房生产效益的高低。

厨师长的选配，首先要明确厨师长的素质要求，然后再选择合适人员，全面履行其职责。

① 厨师长应具备的基本素质。

A.必须具备良好的思想品质，严于律己，有较强的事业心，忠于企业，热爱本职工作。

B.具有良好的体质和心理素质，对业务精益求精，善于人际沟通，工作原则性强，也能灵活解决实际问题。

C.有开拓创新精神，具有竞争和夺标意识，有创新菜肴、把握和领导潮流的勇气和能力。

② 厨师长应具备的专业知识。

A.菜系、菜肴知识。熟悉不同菜系的特点；熟知特色原材料、调料的性能、质量要求及加工使用方法。

B.烹饪工艺知识。熟悉现代烹饪设备性能；熟知菜肴（了解点心）的制作工艺、操作关键及成品质量特点；勇于突破自我，有研制、开发受顾客欢迎的新品菜肴的能力。

C. 懂得食品营养的搭配组合，掌握食物中毒的预防和食品卫生知识。

D. 懂得色彩搭配及食物造型艺术，掌握一定的实用美学知识。

E. 具有中等文化知识基础，了解不同地区顾客的风俗习惯、宗教信仰、民族礼仪和饮食禁忌，具有一定的口头表达能力和书面语言组织能力。

F. 熟知成本核算和控制方法，具有查看和分析有关财务报表的能力。

③厨师长应具备的管理能力。

A. 计划和组织能力。善于制订厨房各项工作计划，并利用生产组织系统调动集体的智慧和力量，实现各项工作目标。

B. 激励能力。有号召力，能区别不同层次、类型的员工并进行有效的激励，形成团队合作氛围。

C. 发现、解决问题的能力。善于在工作中发现并抓住主要矛盾，对突发事件有果断的应变和处理能力。

D. 协调、沟通能力。善于发挥信息传递渠道的作用，能主动与原材料采供、产品销售等部门协调配合工作。

E. 培训能力。善于发现工作中的薄弱环节，安排培训，提高厨房员工的整体素质。

3）厨房生产岗位人员安排

厨房生产岗位对员工的任职要求是不一样的，应充分利用人事部门提供的员工背景材料、综合素质以及岗前培训情况，将员工分配、安排在合适的岗位。需注意以下两点：

（1）量才使用，因岗设人

厨房在对各岗位人员进行选配时，首先应考虑各岗位人员的素质要求，即岗位任职条件。选择上岗的员工要能胜任、履行其岗位职责，同时要在认真细致地了解员工的特长、爱好的基础上，尽可能照顾员工的意愿，让其发挥聪明才智。要力戒照顾关系或情面而因人设岗。否则，将为厨房生产和管理留下隐患。

（2）不断优化岗位组合

厨房生产人员分岗到位后，并非一成不变。在生产过程中，可能会发现一些学非所用、用非所长的员工；或者会暴露一些岗位组合搭配欠佳、团队协作精神缺乏等问题。这样不仅会影响员工工作情绪和效率，久而久之，还可能产生不良风气，妨碍管理。因此，优化厨房岗位组合是必需的。但在优化岗位组合的同时，必须兼顾各岗位尤其是主要技术岗位工作的相对稳定性和连贯性。

🔔 6.1.2 厨房生产流程及管理重点

厨房是餐饮企业的核心，是生产的重地，它直接决定餐饮企业的兴衰、生死存亡。树立企业形象，创造名牌企业，需要长年的积淀和巨大的投入，必须有细致的管理章程、过硬的管理队伍，管理上要统一标准、规格、程序，提高工作效率，降低成本，确保菜肴质量，提高服务质量。现将生产线流程管理控制标准总结如下。

1）理顺生产线流程

厨房的生产线流程主要包括加工、配制、烹饪3个方面：

① 原材料加工可分为初加工（动物宰杀等）、精加工、干货涨发等。

② 用料配制可分为热菜配制、冷菜配制。

③ 菜肴烹调可分为热菜制作、冷菜制作、打荷制作、面点制作。

2）建立生产标准

建立标准就是对生产质量、产品成本、制作规格进行量化，并用于检查指导生产的全过程，随时消除一切生产性误差，确保食品质量的优质形象，督导有标准的检查依据，达到控制管理的效能。

① 加工标准：对原材料的用料数量、质量、涨发程度等制订标准。制定《原材料净标准》《刀工处理标准》《干货涨发标准》。

② 配制标准：对菜肴制作用料品种、数量及按人体所需的营养成分进行制订原材料配制标准。

③ 烹调标准：对加工、配制好的半成品，加热成菜规定调味品的比例，以达到色、香、味、形俱全。

④ 标准菜肴：制订统一标准、统一制作程序、统一器材规格和装盘形式，明确质量要求、用餐人数、成本、利率和菜谱。

3）建立食品留样管理制度

① 建立食品留样专人采集、专人负责、专柜保存的食品留样制度。

② 留样食品为操作过程中或加工终止时的样品，不得特殊制作。

③ 留样食品必须存放于消毒密闭的专用容器内，防止污染，在冷藏条件下存放 48 小时以上，每个品种不少于 100 克。

④ 留样食品需有标志，注明留样时间、品名、留样人。

【练习与思考】

一、课后思考

1.餐饮企业食品原材料的采购程序是什么？

2.阐述食品原材料验收的工作程序与要求。

3.什么是厨房管理？厨房管理的作用有哪些？

二、实践活动

以小组为单位，采取实习的方式对学校附近的餐饮企业进行了解，写一份实习报告。

模块 3
中央厨房运行管理

项目7
中央厨房运行管理

中央厨房又称中心厨房或配餐配送中心，其主要任务是将原材料按菜单分别制作加工成半成品或成品，配送到各连锁经营店进行二次加热和组合后再销售给顾客，也可直接加工成成品并组合后直接配送销售给顾客。

建立中央厨房，实行统一的原材料采购、加工、配送，精简复杂的初加工操作。操作岗位单纯化、工序专业化，有利于提高餐饮业标准化、工业化程度。它是餐饮业实现规范化经营的必要条件，只有这样才能在一定规模上产出规模效益，让家庭厨房劳动社会化，更科学地保障市民的餐桌安全。

知识教学目标

◇ 了解中央厨房的定义、作用。
◇ 掌握中央厨房的工作流程。
◇ 了解中央厨房的组织结构、管理关键点。

能力培养目标

◇ 掌握中央厨房的构成元素，熟悉常用设备的使用。
◇ 能够根据实际情况模拟设计中央厨房。

职业情感目标

◇ 正确认识中央厨房在企业生产中的作用，增加对中央厨房重要性的认识。
◇ 激发学习兴趣，提高学生的空间布局能力，进入学习情景。

任务 1　中央厨房主要功能、组织结构与工作流程

[案例导入]

上海新迎园中央厨房，投资总额 6 000 万元，11 个月后，新迎园中央厨房的月销售额已达 1 000 多万元。相关资料显示，新迎园的 6 条生产加工线，每日最多可配送 600 个"早餐帮帮车"、200 多个早餐快餐门店、100 个以上团餐服务点及 3 万余盒快餐。除了向区内所有"早餐帮帮车"提供配送服务外，新迎园中央厨房还向市内的 300 多家厂区供应团膳，解决企业职工的就餐问题。其中最大的一个厂区，每日的需求量就达 3 000 多份。

现代化的中央厨房产业园的特点第一是体量大，第二是形成了集约化，公共基础设施部分可以共同使用，发挥最大效力。而且，它也符合二八理论，即中央厨房园区生产的产品约 20% 满足自身需求，约 80% 满足社会化的餐馆和家庭的需求。

[任务布置]

本次课的主要任务是了解中央厨房的定义、作用和组织结构，认识中央厨房在现代餐饮业的地位和作用，加深对现代餐饮企业的理解。

[任务实施]

7.1.1　中央厨房的概念、主要功能与工作流程

1）中央厨房的概念

中央厨房（Central Kitchen），是餐饮制造业的一种，泛指可以在单一用餐时间里，提供 1 000 人份以上餐饮产品，或是可同时提供不同地点两处以上餐饮场所的熟食供应，或是制造仅需简易加热的预制食材（Ready-made Food）。中央厨房采用巨大的操作间，采购、选菜、切菜、调味品等各个环节均由专人负责，半成品和调配好的调味品一起，用统一的运输方式，在指定时间内运到分店。它体现了集团化采购、标准化操作、集约化生产、工厂化配送、专业化运营和科学化管理的餐饮业发展特征，在产品品质管控、资源综合利用、食品安全保障和环保等方面的作用已得到业界的一致认可。

建设中央厨房的优势在于通过标准化、技术分解、流程化，减少单店厨房用工数量，把复杂劳动分解为简单劳动，大幅降低单店厨房人力资源费用；中央厨房加工配送程度越高，单店厨房、仓储、办公等面积越节省，从而降低房租费用；同时，还能减少单店厨房的设备投入，增加门店的环保指数，减少单店厨房餐厨垃圾和油烟扰民，便于利用先进的环保处理工艺集中处理废料与废弃油脂，降低能源消耗。中央厨房将成为餐饮企业新的利润源。

2）中央厨房的主要功能

① 集中采购功能。中央厨房汇集各连锁提交的要货计划后，结合中心库和市场供应部

制订采购计划，统一向市场采购原材料。

②生产加工功能。中央厨房要按照统一的品种规格和质量要求，将大批量采购的原材料加工成成品或半成品。

③检验功能。中央厨房对采购的原材料和制成的成品或半成品进行质量检验，做到不合格原材料不进入生产加工过程，不合格的成品或半成品不出中央厨房。

④统一包装功能。在中央厨房内，对各种成品或半成品进行一定程度的统一包装。

⑤冷冻储藏功能。中央厨房需配有冷冻储藏设备，一是储藏加工前的原材料，二是储藏生产包装完毕但尚未送到连锁店的成品或半成品。

⑥运输功能。中央厨房要配备运输车辆，根据各店的要货计划，按时按量将产品送到连锁门店。

⑦信息处理功能。中央厨房和各连锁店之间实现信息联网，以便及时了解各店的要货计划，根据计划来组织各类产品的生产加工。

3）中央厨房特点

①为消费者提供更具有特色的餐饮产品，保证商品的品质、卫生标准的一致性。

②可通过集中采购、生产、控制价格，降低成本，实现企业利润最大化。

③可降低各销售网点的加工成本，减少库存，降低损耗。

④可快速有效地应对各销售网点订货需求，实现多品种、小批量、高效率的配送服务，降低物流成本。

⑤降低人力资源费用、降低物业成本。

⑥提高服务水平，提高工作效率。

4）中央厨房的工作流程

中央厨房生产控制是对生产质量、产品成本、制作规范3个流程加以检查指导，随时消除一切生产性误差，保证达到预期的成本标准，消除一切生产性浪费，保证员工都能按照制作规范操作，形成最佳的生产秩序和流程。

①制订标准化菜谱、菜单。

②实现产品规格化，包括加工规格、配份规格、烹调规格。加工规格主要是规定原材料加工的用量要求、成形规格、质量标准等；配份规格是对具体菜肴配制规定用量品种和数量；烹调规格是对加热成菜规定调味汁比例、盛器规格和装盘形式等。每种规格都制成文字表格，张贴于工作处，随时对照执行，使每个参与制作的员工都明了自己的工作标准。

③在生产流程中，每一道流程生产者对上一道流程的食品质量实行严格的检查控制；不符合标准的要及时提出，帮助前期程序纠正，使整个产品在生产的每个过程都受到监控。

④厨房的生产分工实行责任控制法。每个岗位都承担着一个方面的工作，岗位责任要体现生产责任。首先，每个员工必须对自己的生产质量负责。其次，各部门负责人必须对本部门的生产质量实行检查控制，并对本部门的生产问题承担责任；把好菜肴质量关，对菜肴的质量和整个厨房出品的稳定负责。

⑤管理好容易出现问题的生产环节或部门，将其作为控制的重点，逐步杜绝生产质量问题，不断提高生产水平，向新的标准迈进。中央厨房工作流程图如图7.1所示。

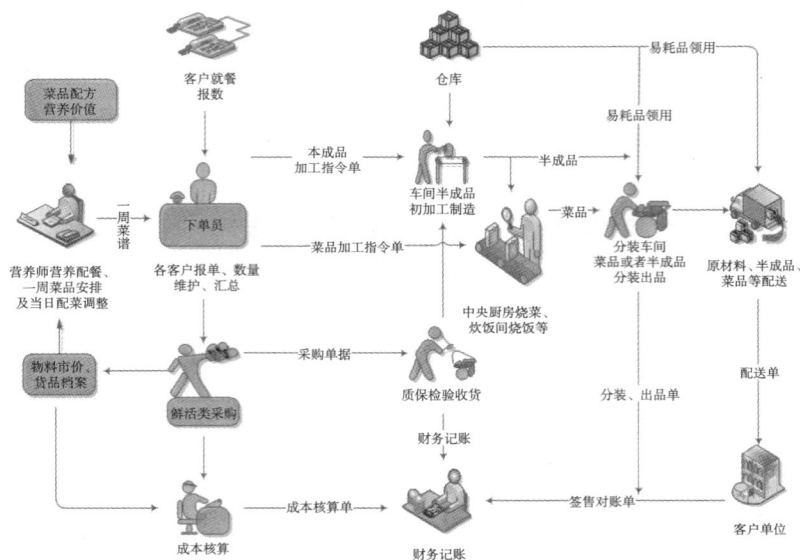

图 7.1 中央厨房工作流程示意图

🔔 7.1.2 中央厨房工作组织结构

为了中央厨房的营销运作，根据生产目标控制生产过程的浪费，制订切合实际的、有用的组织结构，建立明确的岗位分工，将人员进行科学的劳动组合，使每个生产环节都有具体的人员直接负责。对岗位规定工作职责、组织关系、技能要求、工作程序和标准，使岗位的每个员工都明确自己在组织中的位置、工作范围、工作职责和权限，知道向谁负责，接受谁的督导，同谁在工作上有必然的联系，知道工作中要承担的责任。中央厨房组织结构示意图如图 7.2 所示。

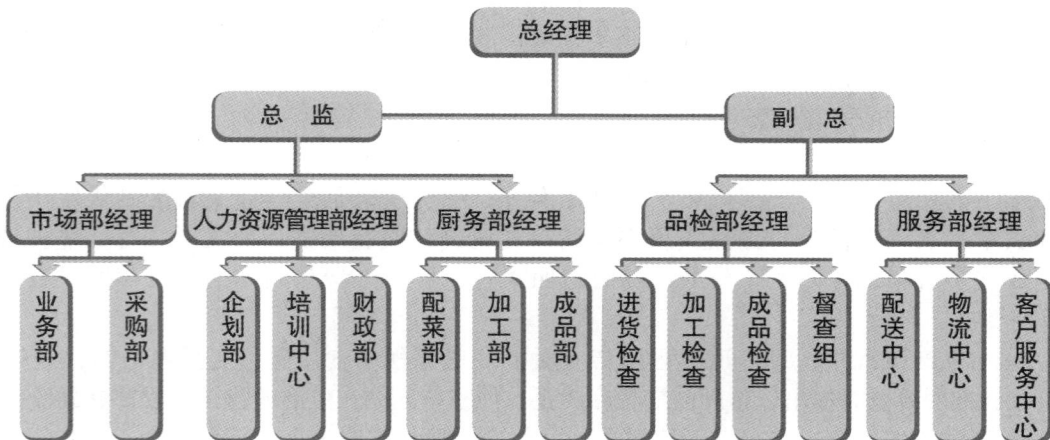

图 7.2 中央厨房组织结构示意图

【练习与思考】

1. 中央厨房的功能有哪些?

2. 简述中央厨房的工作流程。

任务 2　中央厨房生产流程管理

[案例导入]

为了提高生产效率、保证菜肴质量、降低人工劳动强度和生产成本，现代餐饮企业采用集中采购、标准化加工、统一给本企业各门店配送半成品或部分成品的生产方式，即中央厨房。这种新型生产方式中引入了机械化、自动化设备。高效率的生产需要高效的管理团队与之相适应。本任务将学习中央厨房的流程管理。

[任务布置]

本次课的主要任务是学习中央厨房的生产流程，了解生产中的管理要点，使各个环节有效衔接、高效运行，学生能对中央厨房进行合理管理。

[任务实施]

中央厨房生产流程及管理重点

1）中央厨房生产流程

中央厨房生产流程是指对厨房菜肴的生产、加工、制作过程进行有效的、有计划的、有组织的、系统的管理与控制。厨房任何菜肴的出品都需要经过很多的生产工序，由于菜点品类较多，其加工的工艺流程有所区别，但总体来说是大同小异的。从宏观上看，厨房生产流程如图 7.3 所示。

申购 ➡ 验收 ➡ 归档 ➡ 初加工 ➡ 切配 ➡ 制作 ➡ 包装 ➡ 出品

图 7.3　厨房生产流程示意图

2）中央厨房管理的几个重要环节

（1）抓好采购进货关

采购进货是餐饮产品生产过程的第一个环节，也是成本的第一个环节。由于产品原材料种类繁多、季节性强、品质差异大，其中进货质量又直接与原材料的净料率有关，所以，采购进货对降低餐饮产品成本有十分重要的影响。采购人员应按照一定的采购要求科学地进行采购，应做到质量优良、价格合理、数量适当、到货准时、凭证齐全等。

（2）加强储存保管

储存保管是餐饮产品成本控制的重要环节。如果储存保管不当，会引起原材料变质、丢失或损坏等，从而造成餐饮产品成本的增加和利润的减少。因此，务必做好原材料的储存保管工作。购进食品原材料后，应根据类别和性能将其分别放入不同的仓库，在适当的温度下储存。食品原材料按储存特性，一般分为两类：一类是可以长期储存的原材料，如粮、油、糖、罐头、干货等；另一类是不宜长期储存的鲜货原材料。对第一类，要根据原材料的分类和质地特点分别存放，注意通风和卫生，防止霉烂、变质、虫蛀和鼠咬。对第二类，通常不需入库储存，应直接由厨房领用。这类原材料时效性大，要特别注意勤进快销，以保证货品新鲜。此外，要建立各项储存保管制度，仓库或保管部门必须做到准确记账、严格验收、及时发料、随时检查、定期盘点。

（3）提高操作水平，控制原材料成本

一方面，要提高加工技术，做好原材料的综合利用。在初加工过程中，应严格按照规定的操作程序和要求进行加工，达到并保持应有的净料率。其中，对初加工过程中剔除的部分应尽量回收利用，降低原材料的成本；在切配过程中，应根据原材料的实际情况，做到整料整用，大料大用，小料小用，以及下脚料综合利用。严格按照产品事先规定的规格、质量进行配菜，既不能多配或少配，也不能以次充好。不能凭经验随手抓，力求保证菜肴的规格和质量。另一方面，要提高烹调技术，保证菜肴质量。在烹调过程中，应严格按照产品相应的调味品用量标准使用，这不仅可使产品的成本精确，更重要的是可保证产品规格、质量的稳定；提倡一锅一类，专菜专做；严格按照操作堆积操作，掌握好烹制时间和火候，提高烹调技术，合理投料，力求不出或少出废品，把好质量关；在烹调过程中还应节约燃料，以便有效地降低燃料成本。

（4）中央厨房人力资源管理

人力资源管理是个复杂的过程，除了人员招聘、职责划分、监管机制外，还应提高人员的职业道德及个人修养，对人员的业务等进行考核管理。一名厨师不但要有高超的技术，还应具有良好的文化素质，更应具有高尚的职业道德和个人修养。没有道德的约束，就会失去行为规范，就不会积极向上，更不会有所作为。培养高尚的职业道德，是每个厨师走向成功的必由之路。首先要做到爱岗敬业，在工作上兢兢业业，一丝不苟，在学习上勤奋努力、刻苦钻研；在个人修养上，要做到谦虚谨慎，虚心好学，谦和待人，刻苦钻研，要始终把消费者的身体健康和要求摆在第一位，满腔热情地为消费者服务。其次在对人员的业务考核中，应采用严格的考核制度，并以此作为升职加薪的参考依据。这样，一是可以保持企业活力；二是可以搞好竞争环境，对好员工进行奖励，对差员工进行处罚或辞退。只有这样，才能使餐饮企业在市场经济的环境中得以生存。推陈出新是经营上的需要，也可促进厨师不断提高技术，增强竞争力。可由厨师长组织骨干力量，定期研发，应每月推出一次新菜肴，对创新品牌菜肴的厨师予以重奖。也可定期派出厨师到其他酒店进行学习交流，引进新菜肴、新菜系，丰富企业菜肴品种。在任何一个企业中，部门单位的管理活动都是以人为本的，员工的整体素质是企业竞争力的保证。在人力资源管理中，注意科学合理地制订员工考核管理办法，切实加强员工道德教育，进一步强化员工的主人翁意识，这样才能使餐饮企业人力资源管理走上一个新的台阶。

【练习与思考】

一、课后思考

1. 中央厨房工作流程有哪些？
2. 中央厨房管理要注意的事项有哪些？

二、实践活动

以小组为单位，调查本市的中央厨房建设情况，写一份调研报告。

模块 4
餐饮企业
前台服务质量管理

项目8
餐饮企业前台服务运行管理

餐厅是一个为顾客提供食品、酒水和良好服务的商业性公共场所，其服务水平的高低和技术的熟练程度直接影响着餐饮企业服务的质量，这是衡量一个餐饮企业服务质量好坏的关键指标，同时也是衡量一个餐饮企业管理水平的标准。因此，掌握好餐饮前台服务运行管理，服务人员严格执行各种服务规程和操作标准，才能为顾客提供优质的服务。作为中等职业学校中餐烹饪与营养膳食专业的一名学生，首先必须学会前台服务运行管理流程。

知识教学目标
◇ 了解餐饮企业前台服务流程。
◇ 明确前台服务餐前、开餐、用餐中和餐后工作运行管理。

能力培养目标
◇ 能够正确掌握餐厅服务的基本要领和技巧。
◇ 能够正确掌握开餐前、用餐中和用餐后服务运行管理的整个流程和标准。

职业情感目标
◇ 正确认识餐饮服务工作流程，增加对本专业的情感。
◇ 激发学习兴趣，明确学习动机，清楚学习目的，进入学习情景。

任务1　餐饮企业前台服务运行管理

[案例导入]

餐饮服务质量的高低不仅关系着餐饮企业的效益、声誉，更关乎餐饮企业的生存与发展。在制度化、程序化、标准化向个性化、多样化转化的过程中，我们所追求的服务目标是"优质和谐服务"。优质和谐服务，就是以服务员的热情、技能、效率、知识和良好的个人修养，表达和体现服务风格，是和谐对客关系的集中体现。

对于餐饮企业而言，管理的重要性不言而喻，尤其是餐饮前台服务运行管理。餐饮市场的竞争最后必将是品牌之间的竞争，谁的管理执行力更强，谁就能拥有更广阔的市场，品牌成为餐饮企业逐鹿市场的关键。

餐饮服务是餐饮部工作人员为顾客提供餐饮产品的一系列行为的总和。优质的餐饮服务是以一流的餐饮管理为基础的，而餐饮服务质量管理是餐饮管理体系的重要组成部分，它是搞好餐饮管理的重要内容。对其控制和监督是为了给顾客提供优质满意的服务，给餐厅创造良好的社会效益和经济效益。餐饮工作者必须了解和掌握餐饮企业前台服务运行管理。

[任务布置]

本次课的主要任务是了解餐饮业的前台运行管理流程，掌握餐饮服务中的各种服务规程和操作标准，加深对现代餐饮企业前台服务运行管理的理解。

[任务实施]

8.1.1　前台服务知识

1）餐厅服务特点

（1）无形性

无形性是服务产品的共性，餐饮服务具有无形性的特点，既看不见、摸不着，也不可量化。餐饮服务的无形性是指顾客只有在购买并享用餐饮产品后，才能凭借其生理与心理满意程度来评估其优劣。

（2）一次性

餐饮服务的一次性是指餐饮服务只能当次享用，过时则不能再使用。这就要求餐饮企业应接待好每一位顾客，提高每一位顾客的满意度，才能使他们再度光临。

（3）直接性

餐饮服务的直接性是指餐饮产品在生产、销售、消费环节几乎是同步进行的，既是企业的生产过程，也是顾客的消费过程。这意味着餐厅既是餐饮产品的生产场所，也是餐饮产品的销售场所，这就要求餐饮企业要注重过程服务。

（4）差异性

餐饮服务的差异性主要表现为两个方面：一方面，不同的餐饮服务人员由于年龄、性别、性格、受教育程度及工作经历的差异，他们为顾客提供的服务不尽相同；另一方面，同一服务员在不同的场合、不同的时间，其服务态度、服务效果等也会有一定的差异。

2）餐饮服务人员基本素质

（1）专心、用心地为顾客服务

① 能及时向主管准确地报告顾客的服务要求，准确无误地向主管传递顾客用餐时的个性化需求或信息。

② 热爱餐厅服务工作。

③ 工作责任心强。

④ 有服从主管领导的自觉性。

⑤ 为顾客服务时，具备热心、用心、诚心、爱心的完美心态。

⑥ 爱护餐厅财产，关心餐厅的经济利益。

（2）具备为顾客提供最佳服务的超前理念

① 要从认识上理解所从事职业的特点以及自己应扮演的角色。

② 要把顾客当作自己的亲人或朋友。

③ 从行为上体现出热情、大方、助人的服务风格。

④ 加强自身道德修养，进行情绪自我调节。

（3）具有良好的文化素养和专业知识

① 菜肴知识。

② 烹饪知识。

③ 酒水知识。

④ 食品营养卫生知识。

⑤ 酒店服务心理学知识。

⑥ 电器设备使用与维护保养常识。

⑦ 民俗与饮食习惯知识。

⑧ 英语等不同语种的会话知识。

3）餐饮服务基本技能

（1）托盘技能

① 轻托。轻托是托送比较轻的物品或用于上菜、斟酒时的操作，也称为胸前托，所托物质量一般在 5 kg 以下，适用于中小型托盘。

操作方法：

A.理盘。根据所托的物品选择好托盘，洗净擦干，垫上湿垫布。

B.装盘。根据物品的形状、体积和使用次序合理装盘，以安全稳妥、便于运输、便于取用。一般原则是重物、高物在里侧，轻物、低物在外侧。先上桌的物品在上、在前；后上桌的物品在下、在后。

C.托盘。轻托起托与端托要领是：左手臂自然弯曲成 90° 角，掌心向上，成凹形，五指自然分开，指尖向前与操作台平行。右手将装好物品的盘从台上拉出 2/3，以大拇指端到手掌的掌根部位和其余四指托住盘底，掌心不与托盘底接触。左手的大臂垂直，小臂与身体呈90° 角平伸于胸前左侧，手肘离腰部约一拳（15 cm）。用左手五指指尖和掌根接托住托盘底部中间部位，手掌自然成凹形，掌心不与盘底接触（虚托），使手指和掌心同时受力，手掌与托盘底托实，这样才能将托盘的重心全部握住。右手协助左手将盘平稳托起，使盘托到身体左侧前方，盘略高于腰部，托盘托平稳后，放下右手。

D. 卸盘。到达目的地后要将托盘小心地放到一个已经选择好的平面上，千万不可在没有放好托盘之前急于取出上面的物品，否则会造成不必要的麻烦。卸下的盘碟要摆放合理，尽量将剩余物品集中摆放，并且摆放整齐。

② 行走。要求是：上身挺直，略向前倾，视线开阔，动作敏捷，精力集中，步伐稳健，精神饱满。

端托行走时常用的 5 种步伐：

A. 常步。使用平常的步幅，步距均匀，快慢适宜。

B. 快步。快步的步幅应稍大，步速应稍快，但不能跑，以免泼洒菜肴或影响菜形，主要用于端托送需要热吃的菜肴。

C. 碎步。碎步就是使用较小的步幅、较快的步频行进。主要适用端汤。这种步伐可以保持上身平稳，避免汤汁溢出。

D. 跑楼步伐。跑楼步伐是走菜服务员端托上楼时所使用的一种特殊步伐。其要求是：身体向前弯曲，重心前倾，一步紧跟一步，不可上一步停一下。

E. 垫步。垫步即是一脚在前，一只脚在后，前脚进一步，后脚跟一步的方法。此种步伐，一是在穿行狭窄的过道时使用；二是在进步中突然遇到障碍时或靠边席桌需减速时使用。

（2）餐巾折花技能

① 餐巾的作用。

A. 餐巾是供顾客在进餐过程中使用的对卫生要求较高的布巾，顾客把餐巾衬在胸前或放在膝盖上，一方面可以擦嘴，另一方面可以防止汤汁溅出污染衣物。

B. 餐巾折花能装饰、美化席面。

C. 餐巾花还可以用无声的形象语言，表达和交流宾主之间的感情，起到独特的沟通作用。

② 餐巾的种类、规格。餐巾按质地一般分为纯棉和混纺两种，各有用途。实际使用中多采用 45 cm 或 60 cm 见方的餐巾。色彩可根据餐厅的颜色选用，力求与餐厅色彩和谐。多使用白色丝光提花布或者颜色较淡有暗花的餐巾。

③ 餐巾花的种类。已使用的餐巾花有 200 余种，常用的也有二三十种，大致可分为花草类、飞禽类、蔬菜类、走兽类、昆虫类、鱼虾类和其他实物造型类。

将餐巾花插入水杯的称为"杯花"（中餐）；平放在骨盘上的称为"盘花"（西餐）。

④ 餐巾折花的基本手法。

A. 折叠。

B. 推折。

C. 卷。

D. 翻拉。

E. 捏。

（3）摆台技能

① 中餐宴会摆台。

A. 合理布局。宴会餐桌的设计布局是根据主办人的要求、餐厅的形状、餐厅内陈设的特点来进行的。其设计布局的目的是：合理利用宴会厅的场地，表现出主办方的用意，体现宴会的规格标准，方便服务人员为宴会提供服务。

a. 中餐宴会一般用圆桌，要选择大小一致、颜色一致、风格一致的圆桌和座椅。

b. 布局时要把主宾入席与退席所经过的主要通道设置得宽敞一些。

c. 照明力求桌面光线明亮、柔和。

d. 台形布局一般次序是：中心第一、先右后左、近高后低。

e. 有主席台的宴会厅，台上要布置会标；没有的要在主桌后用花坛、花屏或大型盆景等布置一个重点装饰面。

f. 主桌要专设服务桌（一般在餐厅四周），其余各桌酌情安排服务点。

B. 席位安排。

a. 确定主人位置。所谓主人，就是宴会的主办人。规模超过一桌的宴会，各桌主人位置的确定有两种方法：一是各桌主人位置相同，朝向相同；二是第一桌主人与各桌的主人位置相对，即其他各桌的主人面对第一桌的主人。

b. 宾客的座次安排。

C. 桌面摆放。

a. 准备桌面所需餐具、用品。

个人席位餐具包括：骨碟、汤碗、汤匙、白酒杯、红酒杯、水杯等。

共用餐具和服务用具：公筷、勺、牙签盅、烟缸等用具。

b. 铺台布、放转台、餐椅定位。

c. 摆餐具。

② 中餐零点摆台。

A. 早餐餐具的摆放。

骨碟摆在座位正中距桌边1cm处。汤碗摆在骨碟的正前方间距1cm，瓷勺摆放在汤碗内，勺柄向左。筷架摆在骨碟的右侧，筷子摆在筷架上，筷子底部距桌边1cm，筷子套店徽向上。茶碟摆在筷子右侧，茶杯倒扣放在茶碟上，杯柄向右与茶碟平行。牙签盅、调味品摆在台布中线的附近。烟灰缸摆在主人席位的右侧，每隔两位客人摆放一个。

B. 午晚餐的摆台。

摆台操作时要左手托盘，右手摆餐具，摆台从主人位开始，站在椅子右边按顺时针方向进行。骨碟从主人位开始按顺时针方向依次摆放，碟与碟之间距离相等，碟距桌边1cm。筷架应放在骨碟右侧，筷子摆在筷架上，筷子底部距桌边1cm。长柄匙置于筷架上，尾端离桌边1cm。筷子套店徽向上，筷根部距圆桌边1cm。牙签盅放在筷子的右侧1cm处。筷子的右侧放茶杯。葡萄酒杯正对骨碟中心，白酒杯摆在葡萄酒杯的右侧，水杯摆在葡萄酒杯左侧，三套杯的中心应横向成为一条直线。汤碗摆放在餐碟的左前方，碗边距离餐碟边1cm，瓷勺放进汤碗里，勺柄朝左侧。烟灰缸每两位客人之间摆放一个。菜单摆放于正、副主人位的左侧。

（4）斟酒技能

斟酒是餐厅服务人员要掌握的一项基本服务技能，尤其在宴会服务中，对斟酒的技艺要求更高，既要做到不滴不洒、不少不溢，又要做到姿势正确文雅。因此，服务人员应熟练掌握正确的斟酒方法，了解相关的酒水知识，并积极进行酒水推销。

① 冰镇（降温）。

A. 冰镇的目的。许多酒水的最佳饮用温度要求低于室温，如啤酒、香槟酒和起泡葡萄酒的最佳饮用温度为 4~8 ℃，白葡萄酒的饮用温度为 8~12 ℃，所以要求对这类酒水进行冰镇处理。

B. 冰镇的方法。冰镇的方法通常为冰块冰镇及冰箱冷藏冰镇两种。冰块冰镇的方法是：准备好需要冰镇的酒水和冰桶，将冰桶架放置在餐桌的一侧，桶中放入冰块，冰块不宜过大或过碎。将酒瓶（酒标朝上以防标签弄湿）插入冰块中，一般 10 余分钟后，即可达到冰镇效果。

冰箱冷藏冰镇的方法则需要提前将酒品放入冷藏柜内，使其缓缓降至适宜饮用的温度。

② 温酒。

某些酒水（如黄酒）在饮用前要升温至 60 ℃左右喝起来才有独特的滋味。温酒的方法有水烫、浇煮、燃烧、热饮料冲入酒液（或酒液冲入热饮料）4 种，水烫和燃烧一般是当着顾客的面操作。

③ 示酒的方法。

服务员站在点酒顾客的右侧，左手托瓶底，右手扶瓶颈，酒标朝向顾客，让顾客辨认、确定。示酒是斟酒服务的第一道程序，标志着服务操作的开始。

④ 斟酒方法。

A. 斟酒方法分为桌斟和捧斟，当酒质得到顾客的认可后，服务员从顾客右边开始斟酒。

a. 斟酒前，左手拿一条干净的餐巾将瓶口擦干净，右手握住酒瓶的下半部，将酒瓶上商标朝外显示给顾客确认。

b. 在顾客右侧斟酒，从主宾开始，按顺时针方向斟倒。注意：对于夫妇或成对的异性，应先给女士斟酒；对于宴会团体，先给坐在主人右边的顾客斟酒，再给坐在主人左边的顾客斟酒，然后顺时针方向进行，最后给主人斟酒。

c. 酒要直接倒进餐桌上的杯里，不要用手端起杯子，以免手温导入杯体，影响酒的风味。

d. 白酒、啤酒倒八分满，白葡萄酒倒 2/3 杯；因为红葡萄酒杯较大，斟至酒杯的 1/3 处即可，使酒在酒杯中有回旋的余地。同时，饮用红葡萄酒时可以用手捧起，让其有所升温，效果更佳。白兰地、威士忌等倒 1 盎司（约 30 g）为宜。

e. 在顾客开席前要注意杯中是否有酒，当顾客起立干杯敬酒时，应帮助顾客拉椅，然后拿起酒瓶准备添酒。

f. 如有两个服务员同时服务时，则从正副主宾开始按顺时针方向进行。

g. 斟酒完毕，将瓶口稍稍抬高，顺时针 45° 旋转提瓶，再用左手的餐巾将残留在瓶口的酒液拭去。

B. 注意事项。

a. 斟酒时瓶口距杯 1~2 cm，不可将瓶口搭在杯口上。

b. 斟酒时，不能站在顾客左侧，不得左右开弓，不得隔位斟，禁止反手斟。

c. 席间：主人向各宾客敬酒时，服务员要端着酒水跟随，随时准备为其添加酒水。

d. 在举行宴会时，一般主宾都要讲话，讲话结束后，双方都要举杯祝酒，因此在讲话开始前应将所有的酒水斟满。当主宾祝酒讲话时，服务员要停止一切服务站在主宾的后侧以示尊重。要注意保证每位顾客杯中都有酒水，讲话即将结束时，要向讲话者送上一杯酒，供祝酒用。

8.1.2 前台服务餐前工作运行管理

餐前准备环节包括任务分配、餐厅准备工作、熟悉菜单、餐前短会。

1）任务分配

① 给服务员分配不同的值台区域并进行轮换，以尽量达到公平合理。

② 为方便起见，给餐桌编号并将一组编号的餐桌固定为一个区域，服务员将餐桌号码记在点菜单和顾客账单上，以方便上菜和结账。

服务区域的分配方法因餐厅而异，通常是两个服务员为一组，一人负责前台服务，一人当助手，这样始终保持前台服务区域内至少有一人值台，不会出现"真空"现象。

③ 做后台服务工作的服务员通常相对固定，如餐具洗涤间的服务员应按规定的程序在规定的时间内完成准备工作。

④ 服务员的助手应协助服务员做好准备工作。

2）餐厅准备工作

① 准备餐桌。

② 准备台布。

③ 准备餐具。

3）熟悉菜单

（1）熟悉菜单的作用

① 熟悉菜单可以方便推销。

② 有助于服务员向顾客提供建议。

③ 帮助服务员回答顾客提出的各种问题，服务员会针对有特殊需求的顾客给出一些可供选择的建议。

（2）熟悉菜单的内容

① 熟悉菜单的变化。

② 熟悉菜单的种类。

③ 熟悉菜单的内容。

④ 熟悉烹调的方法。

⑤ 熟悉烹制的时间。

⑥ 熟悉菜式的配料。

4）餐前短会

开门营业前，由经理或领班召开餐前短会（早例会），其作用是：

① 检查服务人员的仪容、仪表。

② 使员工在意识上进入工作状态，形成营业气氛。

③ 再次强调当天营业的注意事项，提醒重要顾客的接待工作及已知顾客的特殊要求。

🔔 8.1.3 前台服务开餐工作运行管理

1）安排顾客入席

这一工作主要由餐厅经理、专职迎宾员负责。作用一是使顾客感到受欢迎的氛围，对餐厅有一个好的第一印象；二是使相关人员有能力控制餐厅中顾客的流量，使餐厅的运作处于有效的控制之下。

安排顾客的座位时应注意：

① 一张餐桌只安排同一批的顾客就座。

② 要按照一批顾客的人数去安排适当的餐桌。

③ 同一批顾客人数较多时应安排在餐厅的单间里或餐厅靠里面的地方。

④ 老年顾客或残疾顾客尽可能安排在餐厅门口的地方。

⑤ 年轻的情侣应安排到安静优雅的角落。

⑥ 服饰漂亮的顾客可以渲染餐厅的气氛，可以安排在餐厅中心引人注目的地方。

2）接受顾客点菜

① 在日常工作中，引导顾客把握好点菜的分量是每位餐饮从业人员的职责和义务。

② 当服务员正在服务时，又来了新的顾客，应该先去招呼新顾客入座，或安排助手接待，使顾客不会觉得受到冷落。

③ 招呼顾客不仅要热情有礼、面带微笑、态度诚恳，还要灵活机动，做到恰到好处。

点菜时需注意：

① 先为顾客推荐特色菜肴。

② 根据顾客所点菜肴酒水认真填单。

③ 向顾客复述所点菜肴酒水以得到顾客的确认。

3）回答顾客询问

拥有专业知识、能圆满地回答顾客的询问，有助于和顾客建立良好的关系，有助于餐厅给顾客留下良好的印象，并有助于推销菜肴和饮料。服务员应当了解的情况包括：

① 餐厅的基本情况；销售菜肴的情况；当地菜肴的历史趣闻；当地的历史、地理知识。

② 遇到问题不能马上回答时，应代客查询，不得胡乱作答。

③ 当菜单发生变化或有特别菜单时，应及时进行服务培训，不应带疑问上岗服务。

🔔 8.1.4 前台服务用餐服务工作运行管理

1）出菜服务

① 出菜时检查菜品质量、卫生及分量。

② 将菜盘平衡地摆在托盘上，端送到餐厅。

③ 行走时要注意保持平衡，留心周围情况，以免发生意外。

2）掌握上菜时机与台面服务

宴会中不能将全部菜肴一次上齐，需根据顾客的用餐要求灵活掌握上菜时机。

① 冷盘最好在开席前 5 ~ 10 分钟端上，当顾客吃去约 2/3 时，应该更换一次餐碟（渣盘），然后上第一道菜。

② 第一道菜。上第一道热菜时，应该把菜放在主宾面前，将没有吃完的冷盘移向副主人的一边。需要注意的是，如果上一道菜还没有动筷时，不要急于上第二道菜。

③ 菜上完后。菜上完后，服务员应低声告诉主人菜已上完，询问一下是否需要上主食。

④ 中餐的汤菜。国内传统酒席汤菜一般放在大菜之后上，也可将汤菜放在冷盘之后上。上菜时要特别注意，端汤菜时一定要用垫盘。

3）特殊情况的处理

① 对年幼顾客的接待。给小孩配上专用餐椅。易碎餐具远离小孩。注意观察，给予特殊照顾。

② 对醉酒顾客的接待。把顾客带到通风处休息，送上醒酒饮料，并适时给予特殊照顾。

③ 对残疾顾客的接待。不要当着众人的面太过关注，要自然大方接待，但私底下给予特殊照顾。

④ 对顾客投诉的处理。耐心倾听顾客意见，做好记录，能立即解决的立即解决；不能做主解决的及时向上级汇报。

⑤ 对停电事故的处理。耐心向顾客解释停电原因，并主动拿出餐厅准备好的停电宝或蜡烛之类的物品应急。

⑥ 对衣冠不整的顾客的接待。耐心向顾客解释，并要求顾客穿戴整齐后再进入餐厅。

⑦ 对带小动物进餐厅的顾客的接待。亲切耐心地向顾客解释餐厅不可带小动物进入，帮助顾客把小动物领到其他单独的房间看护。

⑧ 对服务员不慎弄脏顾客衣物事故的处理。首先服务员要诚恳地向顾客致歉，然后主动提出帮顾客擦洗干净或付费洗衣。

4）安全与卫生

（1）安全注意事项

① 在过道上行走时，应靠右侧行走。

② 端托盘路过其他人员旁边时，应小声提醒。

③ 推门前要特别小心。

④ 为了防滑，服务员应穿矮跟的橡胶底鞋。

⑤ 食品饮料洒在地上应立即清除干净，如来不及时可以放一把椅子或铺上布巾，以免他人滑倒。

⑥ 行走时要留心顾客的物品，尽量帮助顾客放置妥当。

⑦ 上菜时，如顾客准备起身或做其他动作或谈意正浓，应提醒顾客注意。

⑧ 装托盘要合理。

⑨ 端托盘时应注意操作规范。

⑩ 重托时要弯曲膝盖，依靠腿部发力，防止腰部扭伤。

（2）卫生

服务操作中需注意：

① 为避免头发掉在食品中或拖碰食品，女服务员要盘发，男服务员发不过耳，保持头

发干净整齐。

②保持工作服、围裙和指甲清洁。

③上卫生间后要洗手，收过脏盘和接触过现金后要洗手。

④服务时，要拿盘子边缘、玻璃杯底部和餐具的把柄，手指不能接触食品。

⑤需使用已消毒的专用抹布擦拭餐桌和服务柜台。

⑥掉在地面的餐具必须更换。

⑦在餐厅里不能有用手摸头、挖鼻、挖耳和挠痒等不雅动作；打喷嚏、咳嗽时，要用餐巾纸或手帕捂住口鼻。

8.1.5 前台服务餐后收餐服务工作运行管理

1）结账与收款

①现付。

②签单。

③使用信用卡。

2）重新整理台面及其他结束工作

①顾客用餐完毕离开餐厅时，餐厅经理或引座员应主动向顾客道谢，欢迎顾客再次光临。

②顾客全部离开后，服务员进行收台清扫工作。

③按照规定重新布置台面，摆齐桌椅，清扫地面。

④擦净调味品盛器和花瓶等，将转盘用清洁剂擦洗干净。

⑤服务柜台收拾整齐，补充必备品，归还借还的服务用品。

⑥引座员整理顾客意见，填写餐厅记录簿。

⑦经理检查收尾工作，召集餐后会，简短总结，和接班者进行交接工作，交代遗留问题。

【练习与思考】

一、课后思考

1. 餐饮服务的基本技能有哪些？

2. 前台服务餐前工作运行管理的内容有哪些？

二、实践活动

以小组为单位，进行餐饮服务管理的实际操作练习。

模块 5
现代餐饮企业成本及构成

项目 9
现代餐饮企业成本构成

餐饮产品成本核算是餐饮企业业务核算的主要环节。精确地计算餐饮产品的成本，可以促使企业加强成本管理从而降低成本。成本核算是正确制订产品销售价格的基础。当今餐饮企业的餐饮产品成本由哪些构成？在餐饮企业中有着怎样的地位和作用？作为中等职业学校中餐烹饪专业的一名学生，必须首先弄清这些问题。

知识教学目标

✧ 掌握餐饮产品的成本构成。

✧ 掌握餐饮产品成本的计算方法。

✧ 理解成本系数的概念，并能运用成本系数计算出价格变动时的餐饮产品成本。

能力培养目标

✧ 能够掌握餐饮业的成本构成及餐饮产品成本的计算方法。

✧ 能够正确理解餐饮业的成本构成在餐饮企业中的地位、作用以及在社会生活中的作用。

✧ 能够正确理解餐饮成本在餐饮业中的地位。

职业情感目标

✧ 正确认识餐饮成本在餐饮企业中的地位、作用以及在社会生活中的作用，增加对本专业的情感。

✧ 通过一些生活中的实例来激发学习兴趣，明确学习动机，清楚学习目的，进入学习情境。

任务1 现代餐饮企业成本构成

[案例导入]

为何有些餐饮企业明明生意很好，但最终却赢利很小，甚至出现亏损。虽然原因众多，但很大程度上与餐饮产品的价格以及成本的控制有着密切的联系。成本管理也是餐饮企业日常管理的重要内容之一，直接影响企业经营的好坏。本任务将解读餐饮产品价格管理、餐饮产品成本构成及特点、餐饮产品成本的核算、餐饮产品成本控制与分析等方面的内容。

[任务布置]

本次课的主要任务是弄清餐饮企业成本的概念和其基本构成，通过了解现代餐饮企业的成本构成和在餐饮企业的地位和作用，加深对现代餐饮企业的理解。

[任务实施]

现代餐饮企业成本

1）现代餐饮企业成本的概况

餐饮企业成本，广义地说，应当指餐饮企业经营过程中的全部消耗或支出的总和，即包括原材料的消耗，职工的工资，水、电、燃料费用，固定资产折旧费用等。但是，由于餐饮企业的经营特点，餐饮产品种类繁多，生产过程和销售过程又紧密相连。因此，不易划分生产费用和销售费用。具体的餐饮产品，除原材料外，其他各项消耗很难按每种制成品一次一份地详细计算。

例如，烹制一份"葱烧海参"，用了多少水、电、燃料？炉灶及其他厨房用具磨损了多少？确实难以计算。为了使成本核算工作更好地适应生产实际，把难以直接计入产品成本的其他各种消耗作为"费用"处理，在会计方面则另设"营业费用"科目，进行专门的核算，而在餐饮业成本核算中，一般就不再进行具体的核算。

因此狭义地说，餐饮企业成本仅指直接的原材料支出。由此看来，餐饮企业成本是餐饮部门在加工生产餐饮产品过程中所耗用的原材料成本，故又称为餐饮产品的原材料成本。餐饮产品原材料成本由主料成本、配料成本和调味品成本3部分组成。本书的餐饮成本指狭义的餐饮成本。

（1）餐饮企业成本核算的任务

餐饮业成本核算的任务是：精确计算每种产品的总成本和单位成本，并使实际操作的用料和核定的用料一致；揭示成本上升与降低的原因，为降低成本指出方向，最终帮助餐饮企业的经营管理者制订降低成本的措施，健全各项规章制度，提高经济效益。

（2）餐饮企业成本的特点

① 变动成本比例大。在餐饮部门的成本费用中，除饮料外，在营业费用中还有物料消耗等一部分变动成本。这些成本和费用随销售数量的增加而成正比例增加。这个特点意味着

餐饮价格折扣调整的幅度不大。

② 可控制成本比例大。除营业成本中的折旧、大修理费、维修费等不可控制的费用外，其他大部分费用成本以及餐饮原材料成本，都是餐饮管理人员能够控制的费用。这些成本发生额的多少与管理人员对成本控制的好坏直接相关，并且这些成本和费用占营业收入的很大比例。

③ 成本泄漏点。成本泄漏点是指餐饮经营活动过程中可能造成成本流失的环节。餐饮成本的大小受经营管理的影响很大。在"菜单计划"—"采购"—"验收"—"储存"—"发料"—"加工切配"—"烹调"—"餐饮服务"—"餐饮推销"—"销售控制"—"成本核算"等各环节中，都存在着成本泄漏的可能，即都可能成为成本泄漏点。

（3）餐饮企业成本核算的意义

餐饮企业成本核算可以正确反映餐饮企业的营业收入以及经营计划指标的完成情况，应正确进行餐饮产品原材料的成本核算，建立健全餐饮产品原材料的管理制度，杜绝浪费和减少损失。合理制订餐饮产品原材料耗用定额，可以正确核算餐饮产品的成本。合理制订餐饮产品的销售价格，在提高服务质量的同时可以增加收入、降低消耗，提高经济效益，为企业积累更多的资金。

（4）餐饮企业成本核算的原则

算管结合，算为管用。算：成本核算；管：企业经营管理。此要求是对成本核算的总体性要求，也是一项根本性要求。根据此要求，成本核算应做到：一是成本核算不仅要对各项费用支出后进行事后核算，而且要对各项费用支出前进行审核和事中控制；二是企业的成本核算应在满足成本管理需要的前提下，尽可能做到科学和简化。

2）正确划分各种费用界限

这既是对成本核算的具体要求，也是企业进行成本控制的重要内容。为了正确地核算成本、费用，正确地计算产品实际成本和利润，必须正确地划分以下5个方面的费用支出界限。

① 正确划分生产经营管理费用和非生产经营管理费用的界限；正确划分资本性支出与收益性支出的界限；正确划分生产经营性支出与营业外支出的界限。

② 正确划分各期（各月份）的费用界限。根据权责发生制原则，凡是应由本期负担的费用，不论其是否在本期发生，都应由计入本期的成本；凡是不应由本期负担的费用，即使在本期发生，也不应计入本期的成本。

③ 正确划分产品成本与期间费用的界限。

④ 正确划分不同产品的生产费用界限，即在不同的成本计算对象之间划分。对能够确定某种产品应分摊的费用，应直接计入该种产品成本；属于几种产品共同发生，不能够直接确定某种产品应分摊的费用，要选择适当的分配方法和分配标准，分别计入各产品成本，即直接费用直接计入，间接费用分配计入。

⑤ 正确划分本期完工产品与月末未完工产品的成本界限。产品的生产周期与会计核算周期经常不一致，致使各会计期末往往有尚未完工的产品存在。因此在每个会计期末，应将各种产品负担的本期生产费用在完工产品和未完工产品之间进行分配，划清二者之间的费用界限。

下列支出不得列入成本：

① 购置和建造固定资产、无形资产和其他资产的支出。

② 设备技术改造支出。

③ 对外投资的支出。

④ 被罚没的财物、支付的滞纳金、罚款、违约金、赔偿金以及赞助、捐赠、联合办学等费用。

⑤ 国家规定以外的社会保险，如简易人身保险。

⑥ 法律法规规定的不得列入成本的各种费用。

在日常工作中，应正确确定财产物资的计价和价值结转方法；做好各项基础工作；适应生产特点和管理要求，采用适当的成本核算方法。

3）现代餐饮企业成本的构成

成本是企业为生产一定种类和数量的产品所支出的各项费用总和。产品成本是企业为生产一定数量的某种产品所支出的各项费用总和。

餐饮企业成本分类是为做好成本核算和成本管理服务的。成本核算和成本管理的方法和目的不同，成本分类也不一样。餐饮产品的成本，从不同角度可分成不同的种类。餐饮产品的直接成本为生产过程中的原材料成本，不包括生产过程中的其他一切费用。原材料以外的各种费用，一般另列项目，计入销售费用。

餐饮企业用以烹制餐饮产品的原材料有粮、油以及鱼、肉、蛋、禽、蔬、果等。根据其在餐饮业产品中的不同作用，大致可以分为四大类：主料、配料(亦称辅料)、调味品和燃料。这四大类原材料是核算餐饮产品的基础，通常称其为餐饮产品成本四要素。在价值构成方面，包括原材料的进货价、运杂费、仓储费用以及相关税金。

主料、配料是构成餐饮产品成本的主体，所以核算产品成本必须首先从核算主料、配料成本做起。未加工处理的原材料称为毛料；加工处理后的原材料称为净料。菜谱主料、配料的标准、投料量，通常都以净料量计算，所以计算产品成本的第一点是计算各种净料的成本。因此，餐饮产品的原材料成本就是所用主料、配料的成本及调味品成本的总和。

（1）主料

主料是制成各种餐饮产品的主要原材料，常以面粉、大米、鸡、鸭、鱼、肉、蛋等为主，各种海产品、干货、蔬菜和豆制品次之。

（2）配料

配料是制成各种餐饮产品所用的辅助原材料，其中以各种蔬菜为主，鱼、肉、禽、蛋等次之。

（3）调味品

调味品它是制成各种餐饮产品所用的调味用料，如油、盐、酱、醋、味精、胡椒等，主要起到味道的综合调节作用。

（4）燃料

燃料是制成各种餐饮产品(加热时)所必需的辅助性原材料，如煤炭、液化气、天然气、柴油、酒精、电等。

主、配料是构成餐饮产品的主体。主、配料成本是餐饮产品成本的主要组成部分。核算餐饮产品的成本，必须首先对主、配料进行成本核算。

调味品在餐饮产品中的用量虽比主料、配料少，但却是不可缺少的组成部分。调味品的成本也是餐饮业产品成本的重要组成部分。

4）餐饮企业成本的构成

（1）菜肴成本

菜肴成本是指制作菜肴所需要的各种原材料成本。它包括主料成本、配料成本和调味品成本。主料成本常常是菜肴中占有主导地位原材料的成本，如牛排中的牛排成本，鸡丁中的鸡肉成本。配料成本是指菜肴中各种配菜的成本，如鲍鱼中的煲汤材料，鸡丁里的青菜粒、腰果等成本。调味品成本是指菜肴中的各种调料或调味汁的成本，如油、盐、味精、调味酒的成本等。

（2）人工成本

人工成本是指参与餐饮产品生产与销售（服务）的所有管理人员和职工的工资和其他费用。工资包括餐厅经理和总厨的工资，主管、领班、厨师、服务员的工资，采购、财务、后勤人员和辅助人员的工资。

（3）经营费用

经营费用常指在餐饮产品生产和经营中，除食品原材料与人工成本以外的成本，包括房屋租金，生活和服务设施与设备的折旧费，即固定资产的折旧费，燃料和能源费，餐具、用具和低值易耗品费，采购费，绿化费，清洁费，广告费，交际和公关费等。

5）菜品成本的计算

（1）净料率

计算净料成本，首先要知道净料质量。确定净料质量最基本的办法是进行实际测试，即某一品种的原材料（毛料）经过加工处理后，称一称净料质量。餐饮企业无论规模大小，每天购进原材料的种类和数量都很多，对原材料进行加工处理后所得的净料质量，不可能每一种都过秤。餐饮企业在长期实践中总结出净料重量变化的规律，即在净料加工方法相同和处理技术水平一定以及原材料规格品质相同的情况下，原材料的净料重量和毛料质量之间存在一定的比例关系。净料率就是净料质量与毛料质量的比率，利用这个比例关系可以计算出净料的质量。影响净料率高低的主要因素有两个：一是原材料的进货规格质量，二是初加工技术。

净料率计算用如下公式：

$$净料率 = \frac{净料质量}{毛料质量} \times 100\%$$

【例 9.1】 某厨房购进黄瓜 36 kg，经冷加工后得到净黄瓜 26 kg，试求黄瓜的净料率。

解：黄瓜的净料率 $= \dfrac{26}{36} \times 100\% \approx 72.2\%$。

答：黄瓜的净料率约为 72.2%。

【例 9.2】 某厨房购入黄花 6 kg，发涨后得水发黄花 15 kg。水发黄花的净料率（涨发率）为多少？

解：黄花的净料率 $= \dfrac{15}{6} \times 100\% = 250\%$。

答：水发黄花的净料率是 250%。

【例 9.3】 某厨房购进草鱼 25 kg，经刮鳞、去鳃和内脏洗涤后，其净料率为 80%，求草鱼净料的质量。

解：草鱼净料质量 =25×80%=20 kg。

答：草鱼的净料质量是 20 kg。

（2）生料成本的核算

① 一料一档计算法，可分为两种情况：

A. 净料单位成本 = 毛料进价总值 ÷ 净料质量

B. 净料单位成本 =(毛料进价总值 – 下脚料价值)÷ 净料质量

【例 9.4】 某厨房购进土豆 18 kg，其进货单价为 1.50 元 /kg，去皮后得到净土豆 14 kg，求土豆的单位成本。

解：净土豆的单位成本 $= \dfrac{18 \times 1.5}{14} \approx 1.93$ （元 /kg）

答：净土豆的单位成本为 1.93 元 /kg。

【例 9.5】 某厨房购进青瓜 9 kg，其进货单价为 2.80 元 /kg，经过加工处理去头、去籽和洗涤后，得到净青瓜 6.3 kg。

求：（1）净青瓜的单位成本是多少？

（2）若某菜肴需用净青瓜 100 g，该菜肴中青瓜的成本是多少？

解：净青瓜的单位成本 $= \dfrac{9 \times 2.80}{6.3} = \dfrac{25.2}{6.3} = 4.00$（元 /kg）；

100 g 的净青瓜成本为：0.1×4.00=0.40 元 /kg。

答：净青瓜的单位成本为 4.00 元 /kg，菜肴中所需青瓜的成本为 0.40 元。

② 一料多档计算法：

所谓一料多档，是指毛料经初加工处理后得到一种以上的净料。在计算各档净料的成本时，第一要知道各档净料的质量，这方面可通过实际测试确定出来。第二，要知道各档净料的单位成本，这是各档净料成本计算的关键。

A. 如果毛料经过初加工处理后得到一种以上的净料，则可根据每种净料的质量逐一确定其单位成本，然后乘以各种净料数量得到各净料的成本，毛料进价总值等于各种净料成本总和。

计算公式：

毛料进价总值 = 净料 1 总值 + 净料 2 总值 +…+ 净料 n 总值

【例 9.6】 一盘土豆焖牛肉，其用料及单价如下：牛肉 250 g，单价 32 元 /kg；净土豆 500 g，土豆进货单价 1.50 元 /kg，净料率 70%。其他的成本不计，试求这盘土豆焖牛肉的成本。

解：牛肉成本 =0.25×32=8（元）；

土豆成本 =0.5×1.5=0.75（元）；

土豆焖牛肉的总成本 =8+0.75=8.75（元）。

答：这盘土豆焖牛肉的总成本为 8.75 元。

B. 如果所有净料中，只有一种净料单位成本需要测算，其他净料单位成本都是已知的，则可以从毛料的进价总值中扣除已知净料的总成本后，再除以该种净料的质量，求得它的单位成本。

计算公式如下：

$$某净料单位成本 = \frac{毛料进价总值 - 其他各档料净成本总和（含下脚料）}{某净料质量}$$

【例 9.7】 某厨房领用一批光鸡，共重 35 kg，其进货单价为 16.50 元 /kg，经加工处理后得到鸡腿肉 12 kg；鸡脯肉 6 kg，单位成本 18.00 元 /kg；鸡架、鸡脖等下脚料 8.6 kg，单位成本是 7.00 元 /kg；鸡杂 3 kg，单位成本是 14.5 元 /kg。其余为废料，无价值。试确定加工后所得鸡腿肉的单位成本和各种净料成本。

解：（1）鸡腿肉的单位成本 $= \dfrac{35 \times 16.5 - （6 \times 18 + 8.6 \times 7 + 3 \times 14.5）}{12} \approx 30.48$（元 /kg）

（2）各种净料成本：

鸡腿肉的成本 $=12 \times 30.48 = 365.76$（元）；

鸡脯肉的成本 $=6 \times 18 = 108$（元）；

鸡架、鸡脖等下脚料成本 $=8.6 \times 7 = 60.2$（元）；

鸡杂的成本 $=3 \times 14.5 = 43.5$（元）。

答：鸡腿肉的单位成本约为 30.48 元 /kg，鸡腿肉的成本 365.76 元，鸡脯肉的成本为 108 元，鸡架、鸡脖等下脚料成本为 60.2 元，鸡杂的成本为 43.5 元。

【练习与思考】

一、课后思考

1. 构成餐饮企业成本的因素有哪些？

2. 餐饮产品的成本三要素是什么？

3. 某厨房购入丝瓜 3.2 kg，芥菜 3.6 kg，白菜 2.8 kg，已知它们的净料率分别是丝瓜 55%，芥菜 40%，白菜 75%。试求 3 种原材料的净料质量，以及原材料的净料总质量。

4. 某厨房领用 30 kg 光鸡，进货单价为 16.00 元 /kg，经加工后得鸡脯肉 5 kg；鸡腿 10 kg；鸡杂 2.5 kg；鸡架、鸡脖等下脚料 7.5 kg。已知鸡腿的单位成本是 20.00 元 /kg；鸡杂单位成本是 14.00 元 /kg；鸡架鸡脖的单位成本是 6.00 元 /kg。

试求：（1）各种净料成本；（2）鸡脯肉的单位成本。

二、实践活动

1. 以小组为单位，调查学校附近的餐饮企业经营情况，并分析菜肴的成本对盈亏的影响，写一份调研报告。

2. 以小组为单位，调查学校附近的餐饮企业的一道菜肴的主配料名称、用量，计算出主配料的净料率和净料单位成本，并写一份调研报告。

任务 2 成本核算与成本控制管理

[案例导入]

企业利润最大化是企业经营活动的最终目标。对餐饮企业而言，在客源一定的情况下，合理地在各个环节降低运营成本，是增加餐饮企业利润收入的关键。对餐饮企业进行成本核算的目的是更好地指导经营，获取更多的利润。那么我们该如何分析各项成本核算的结果呢？

[任务布置]

本次任务是进行餐饮企业营业收入分析，弄清半制品菜品的成本，了解现代餐饮成本核算在餐饮企业中的地位和作用，掌握餐饮产品毛利率的计算方法、餐饮产品价格的相关计算方法及餐饮成本日常控制的方法，加深对现代餐饮企业的理解。

[任务实施]

9.2.1 现代餐饮成本核算分析

1）现代餐饮企业营业收入分析

餐饮企业的经营分析重点在以下 3 个方面：一是收入、成本及有关经营数据分析；二是客源构成及人均消费情况分析；三是餐饮产品分析、收入、成本及有关经营数据分析。通过对营业收入的分析，判断餐饮企业是否成功地获得了较多的营业收入，并把费用降低到最低。通过餐饮经营活动的分析，可帮助餐饮经营者找出增加收入和降低成本的有效途径，抓住客源找准市场定位，同时提供及时修改菜单及推出新菜品的方法。

餐饮企业营业收入包括饮料的销售收入和食品的销售收入。

（1）饮料的销售收入分析

饮料是指以水为基本原材料，通过不同的配方和制造工艺生产出来，供人们直接饮用的液体食品。饮料除提供水分外，在不同品种的饮料中也含有不等量的酸、乳、各种氨基酸、维生素、无机盐等成分。

饮料一般可分为含酒精饮料和无酒精饮料，含酒精饮料指酒精含量在 0.5%~65%（V/V）的饮料，包括各种发酵酒、蒸馏酒及配制酒。无酒精饮料又称软饮料，是指酒精含量小于 0.5%（V/V），以补充人体水分为主要目的的流质食品，包括固体饮料。

虽然饮料的销售收入在餐饮总收入中所占比例不大，但是如果能采取有效措施增加饮料的销售收入，可使利润有较大的增长，这是因为饮料销售的毛利率要比食品销售的毛利率高。我国饮料市场上碳酸饮料需求逐年小幅下降，瓶装饮用水销量较为稳定，其中，茶饮料销量增速较快。

（2）食品的销售收入分析

餐饮企业主要收入是指就地消费的那部分收入，因此只对就地消费的那部分销售收入进行分析。

影响餐饮企业食品销售收入的因素主要有以下 3 个方面：

①餐位数量。餐位数量是指餐厅一次能容纳多少顾客同时就餐的座位数。

②餐位利用率。餐位利用率又叫餐位周转率，是指在一个就餐时间或一天之中每个餐位使用了多少次。

③餐位消费水平。餐位消费水平是指每位用餐顾客的平均购买力。

为了对餐饮企业销售收入作进一步分析，掌握餐饮企业经营规律，为餐饮企业经营决策提供有说服力的数据，必须建立健全的餐饮业统计制度，对用餐形式、客源状况、销售状况、不同菜肴的受欢迎程度进行长期的精确统计，使餐饮企业营业收入分析建立在资料齐备、数据准确的基础上。

计算公式如下：

$$餐位利用率 = \frac{就餐人数}{餐位数} \times 100\%$$

$$餐位平均消费水平 = \frac{餐饮企业销售收入}{就餐人数}$$

$$每个餐位平均利用率 = \frac{一天就餐人数}{餐位数 \times 3} \times 100\%$$

餐饮企业销售收入 = 餐位数量 × 计算期天数 × 餐位利用率 × 餐位平均消费水平

【例 9.8】 对某餐厅 2017 年 5 月与 2018 年 5 月销售收入的情况做比较（表 9.1），说明如何分析餐厅营业收入情况。

表 9.1　某餐厅销售收入对照表

项　　目	2017 年 5 月	2018 年 5 月	差　　异
餐位数	350	350	0
餐位利用率 /%	190	200	10
餐位平均消费水平 / 元	40	45	5
收入 / 元	824 600	976 500	151 900

解：从表 9.1 可见，该餐厅 2018 年 5 月销售收入比 2017 年 5 月增加了 151 900 元，增长了 18.42%。导致销售收入增加的原因是餐位利用率和餐位平均消费水平发生了变化。

①餐位利用率因素的影响。

餐位销售收入变化量 = 350 × 31 ×（200%–190%）×40=43 400（元）

说明餐位利用率提高使营业收入比 2017 年同期增加了 43 400 元。

②餐位平均销售水平因素的影响。

餐厅销售收入变化量 = 350 × 31 × 200% ×（45–40）=976 500–868 000=108 500（元）

说明该餐厅平均消费水平增加使营业收入增加了 108 500 元。

答：综合两项指标的影响，2018 年 5 月比 2017 年 5 月的销售收入增加了 151 900 元。

从上面的分析可以看出，2018 年 5 月份该餐厅的经营情况较好；5 月份餐饮收入比 2017 年同期增长了 18.42%。其中，餐位利用率的提高，说明餐厅吸引客人的能力增强了，就餐的人数增加了。从好的方面来看，这是餐厅改善经营管理的结果；从不足的方面来看，目前的餐位利用率仍然很低，可挖掘的潜力很大。

2）餐饮企业成本、费用及营业利润分析

（1）餐饮企业成本费用分析

成本和费用是企业的一项重要经济指标。企业经济效益的好坏，既取决于企业收入的多少，也取决于成本费用的高低。对餐饮企业来讲，其经营成本不仅影响它的利润，而且也会影响它与其他餐厅竞争的地位，成本和费用越低，竞争的主动性越大。从这个角度来说，对成本费用进行分析，寻找降低成本和费用的途径，是提高餐厅经济效益的基本手段。餐厅费用支出由两部分构成，即直接成本与营业费用。

营业费用包括固定费用和可变费用，这里只对可变费用进行分析。

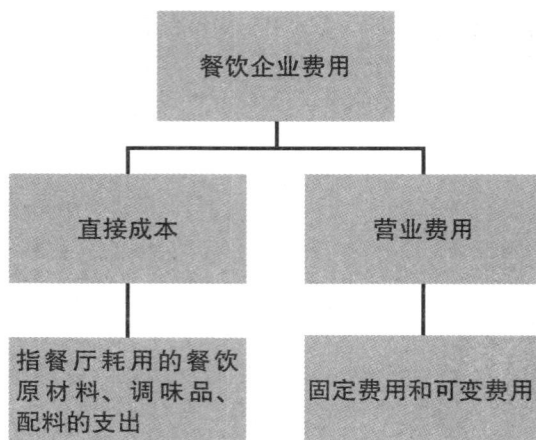

图 9.1　餐厅费用支出图

从表 9.2 可以看出，该餐厅 2018 年 5 月份的费用支出比 2017 年同期增加了 8 100 元，增长了 25.63%。如果单从费用绝对值上判断该餐厅费用控制的好坏是不合适的，因为这些可变费用的多少与餐厅接待量的大小有直接关系。随着接待量的增加，营业收入不断上升，可变费用随之增加。但是两者之间应保持一个适当的比例，这个比例应是多少呢？仅从费用绝对值上是无法体现出来的，而必须将费用与营业收入综合起来进行分析才能得到答案。因此，引入一个指标"收入费用率"。

表 9.2　餐厅费用对照表　　　　　　　　　　　　　　　　　　单位：元

项　　目	2017 年 5 月支出额	2018 年 5 月支出额	差　异
水费	7 000	5 800	−1 200
电费	9 100	11 200	2 100
消耗品	6 700	7 300	600
煤气费	7 800	8 500	700
原材料损失费	400	500	100
运杂费	600	6 400	5 800
合　计	31 600	39 700	8 100

收入费用率是餐饮企业可变费用与餐饮企业食品销售收入的比例关系。

计算公式如下：

$$收入费用率 = \frac{餐饮企业可变费用}{餐饮企业食品销售收入} \times 100\%$$

该公式表明每 100 元食品销售收入所发生的可变费用额。收入费用率越低，实现一定营业收入发生的费用越少，表明费用控制得越好。

（2）餐饮企业营业利润分析

在餐饮企业中，经营者除了应该知晓怎样招徕有术、生意蒸蒸日上之外，最重要的还是要知晓怎样从顾客身上取得合理的利润，因为利润太多或不足均会影响业务的发展。为了避免"生意兴隆却还要亏蚀"的错误预算，或被指为"宰客高手"使人望而却步，经营者应该预先确定一套获取合理毛利的原则，以便负责营业者能有所遵循，在菜单及在出品上定出合理的售价，既能使顾客满意，也能保障餐厅的赢利。

餐饮企业利润的大小，取决于餐位数量的多少、餐位利用率高低、人均消费水平高低、毛利率高低、营业费用及应交税金的多少。在这些因素中，有些是常数，如餐厅位数和税率。毛利率虽然也在变化但不能无限制地提高，因为毛利率提高就意味着成本率的下降，会影响产品的质量和餐厅的声誉。最有潜力可挖的还是餐位利用率和人均消费水平及营业费用。

计算公式如下：

餐饮企业利润 = 餐饮企业营业收入 – 餐饮企业成本 – 餐饮企业营业费用 – 应交税金

餐饮企业利润 =（餐位数量 × 计算期天数 × 餐位利用率 × 人均消费额）×（毛利率 – 税率）– 营业费用

收入结构变化对利润的影响 = 餐厅报告期收入总额 ×（报告期收入利润率 – 比较期收入利润率）– 毛利率变化的影响 – 营业费用变化的影响

【例 9.9】 根据 A 餐厅的利润分析表（表 9.3），说明该餐厅影响利润的各项因素。

表 9.3　A 餐厅利润分析表

项　　目	2017 年 5 月	2018 年 5 月	差　　异
餐位数	350	350	0
餐位利用率 /%	190	200	10
人均消费额 / 元	40	45	5
毛利率 /%	54	55	1
可变费用 / 元	37 000	42 400	5 400
固定费用 / 元	100 000	100 000	0
税率 /%	5	5	0
利润 / 元	267 054	345 850	78 796

解：① 餐位利用率因素的影响。

利润变化量 = 350×31×（200%-190%）×40×（54%-5%）=21 266（元）

说明餐位利用率提高使利润增加了 21 266 元。

② 人均消费额因素的影响。

利润变化量 = 350×31×200%×（45-40）×（54%-5%）=53 165（元）

说明人均消费水平提高使利润增加了 9 765 元。

③ 毛利率的影响。

利润变化量 =（350×31×200%×45）×（55%-54%）=9 765（元）

说明毛利率提高使利润增加了 9 765 元。

④ 营业费用因素的影响。

利润变化量 = 42 400-37 000=5 400（元）

说明营业费用增加使利润减少了 5 400 元。

答：综合以上各项因素影响，利润增加了 21 266+53 165+9 765-5 400=78 796 元。

9.2.2 菜肴半制品和成品的成本核算

1）菜肴的半制品

净料根据其加工方法和程度，可分为生净料、半制品和熟制品 3 类。其单位成本的计算方法基本相同，但略有差别。

3 类净料的相关计算：

①生净料单位成本计算。分为以下两种情况：

A.无下脚料的净料单位成本计算公式

$$无下脚料生净料单位成本 = \frac{毛料进价总值}{净料总质量} \times 100\%$$

B.有下脚料的净料单位成本计算公式

$$有下脚料的生净料单位成本 = \frac{毛料进价总值 - 下脚料价值}{净料总质量} \times 100\%$$

②半制品成本计算。其计算方法可分为无味半制品和调味半制品两种：

A.无味半制品单位成本 $= \dfrac{原材料进价总值 - 副产品总值（含下脚料价值）}{半制品质量}$

B.调味半制品单位成本 $= \dfrac{原材料进价总值 - 副产品总值（含下脚料价值）+ 调味品成本}{半制品质量}$

③熟制品成本的计算。熟制品是指用熏、卤、拌、煮等方法加工而成的制成品或卤品。计算公式：

$$熟制品的单位成本 = \frac{原材料进价总值 - 副产品总值（含下脚料价值）+ 调味品成本}{熟制品质量}$$

相同点：

A.都需要知道原材料的质量、进货单价或进价总值。

B.必须测算出加工后各种净料的质量。

C.必须确定加工处理后得到的副产品或下脚料的价值。

D.计算净料单位成本时，必须从原材料进价总值中扣除副产品或下脚料的价值。

不同点：

A.半制品或熟制品，大多数是在生净料的基础上经过初熟处理的，在初熟处理过程中可能产生副产品。

B.半制品和熟制品，在热加工过程中，一方面会产生副产品，另一方面还要耗用各种调味品，因此要加上调味品成本，这与生净料的计算是不同的。

由于生净料的品种很多，计算生净料成本时，要根据不同的条件和要求选用相应的计算公式。

【例9.10】 某厨房领用一批光鸡共重30 kg，其进货单价为16.00元/kg，经加工处理后得到鸡脯肉5 kg，鸡腿肉10 kg，单位成本是20.00元/kg，鸡杂2.5 kg，单位成本是14.00元/kg，鸡架、鸡脖等下脚料7.5 kg，单位成本是6.00元/kg。其余为废料。试确定加工后所得鸡脯肉的单位成本和各种净料成本。

解：① 鸡脯肉的单位成本。

$$\frac{30 \times 16.00-（10 \times 20.00+2.5 \times 14.00+7.5 \times 6.00）}{5}$$

$$=\frac{480-（200+35+45）}{5}=40.00（元/kg）$$

② 各种材料的单位成本和成本。

鸡脯肉的单位成本：40元/kg

5 kg鸡脯肉成本：5×40.00=200.00（元）

鸡腿肉的单位成本：20.00元/kg

10 kg鸡腿成本：10×20.00=200.00（元）

鸡杂的单位成本：14.00元/kg

2.5 kg鸡杂成本：2.5×14.00=35.00（元）

下脚料的单位成本:6.00元/kg

7.5 kg下脚料成本：7.5×6.00=45（元）

【例9.11】 鲜鱼一条重3 kg，10元/kg。经取净肉加工后得20%的鳞鳃肠肚等废料，40%的鱼头尾、鱼盏（共折合价值5元）、40%的净鱼肉。净鱼肉剁成茸用来加工鱼丸，每千克鱼茸须加猪油100 g（猪油10元/kg），蛋清4个（每个0.3元），料酒50 g（4元/kg），淀粉100 g（5元/kg），味精等调味品1.2 g（1.5元/g），制成鱼丸200个。试计算每个鱼丸的平均成本。

解：① 分别计算各种原材料的价款。

毛料总值=3×10=30（元）

下脚料总值=5（元）

鱼茸质量=3×40%=1.2（kg）

用猪油质量 = 0.1 × 1.2=0.12（kg）

用猪油成本 = 0.12 × 10=1.2（元）

用蛋清数量：4 × 1.2=4.8（个）

用蛋清成本 = 4.8 × 0.3=1.44（元）

用料酒质量 = 0.05 × 1.2=0.06（kg）

用料酒成本 = 0.06 × 4=0.24（元）

用淀粉质量 = 0.1 × 1.2=0.12（kg）

用淀粉成本 = 0.12 × 5=0.6（元）

用味精等调味品成本 = 1.5 × 1.2=1.8（元）

② 将上列各项数值代入调味半制品单位成本计算公式：

每个鱼丸的成本 =（30–5+1.2+1.44+0.24+0.6+1.8）÷200 ≈ 0.15（元）

答：每个鱼丸的成本是 0.15 元。

2）调味品的成本核算方法

我国餐饮产品历来比较讲究色、香、味、形，尤其强调以味为本，中餐烹饪的本质也明确地告诉我们：以"味"为核心。餐饮产品丰富多样、滋味鲜美，除了来自主、配料本身具有的滋味外，很大一部分来自各种各样的调味品。所以，无论是菜肴还是点心，几乎都要耗用很多种类的调味品。

在每一个单位产品里，虽然各种调味品的用量都较少，在成本中所占的比例也不是很大，但从整个餐饮产品总量来看，所耗用的各种调味品的量及其成本却是十分可观的。传统的油、盐、酱、醋、胡椒、味精等调味品，在餐饮企业所耗用原材料的总值中占有相当的比例。而且，随着复合调味品的迅速发展，天然风味调味品的开发和利用，保健调味品的兴起，以及新科技在调味品中的应用，将使调味品的种类更加丰富多样，调味品的质量也会全面提高，调味品成本在餐饮产品成本中的比例亦将趋向增大。

在某些特殊的菜肴里，调味品的用量相当大，在产品成本中反而大大超过主要原材料。例如，一份"麻辣豆腐"，总成本为 5 元，其主料只是两块豆腐，成本 2 元即够，只占整个成本的 40%，而辅助材料和调味品的成本却需 3 元，占总成本的 60%。

又如，一份"奶油菜心"，其主料只是 250 g 菜心，成本 1 元，但调味品和奶油等的成本却多达 4 元，占总成本的 80% 以上。由此可见，尽管在人们印象中调味品的耗用是微量的，但其成本都不是微量的，而是占有相当的比例，关系到成本核算精确度。因此，要精确核算餐饮产品成本，必须认真做好调味品的成本核算工作。

（1）调味品用量的估算方法

调味品用量的估算方法大致有 3 种，即容器估量法、体积估量法和规格比照法。

① 容器估量法。容器估量法是在已知某种容器、容量的前提下，根据调味品在容器中的容量，估计出其质量，再按其进价计算出成本，如料酒、油类等。由于烹调中多用手勺加放调味品，因此，可以运用手勺来估计这类调味品的用量；也可以运用汤匙、碗、盆、盅等进行估量。

② 体积估量法。体积估量法是在已知某种调味品的一定体积和质量的前提下，根据其用料体积，直接估计其质量，然后按其进价计算出成本。此方法主要适用于粉质或晶体调味品。由于烹调时多用羹匙、手勺等投放这些调味品，因此也可以用这些器皿来估算调味品的用量。

③ 规格比照法。规格比照法是对照烹调方法和用料质量相仿的某些传统菜肴的调味品用量来确定新菜肴调味品用量的方法。例如，比照拔丝荔枝肉的糖、油用量，估计确定拔丝樱桃的糖、油用量。此方法简单，但不够准确，误差也会随之产生。此外，主、配料物性是否相似，烹调技法是否相同，是正确运用规格比照法的基础。

用于菜肴制作的调味品种类很多，但每一个单位产品中的用量则较少，有的甚至很细微。因此，使用时不能像主、配料那样，事先可以按质定量称好，而只能在极短的时间内以很快的速度随取随用。故单位产品的调味品成本实际上是在对有代表性的菜肴进行试验和测算的基础上估算的平均值。但是，调味品成本即使估算得比较准确，在实际操作中，用量也往往出于操作人员的技术水平不同等原因而有所出入。所以，调味品成本在餐饮产品成本中是一个较为不稳定的因素。这就要求每一个烹饪人员精通业务，熟悉各种餐饮产品的调味品用量标准，了解各种调味品的规格、质量和价格，并能根据各种调味品在容器中所占部位的大小掌握其实际用量。

经过测试，几种常见调味品在水溶液中的效应及在菜肴中较适宜的参考用量标准如下：

砂糖 20 g，溶于 150 mL 水中，甜度适中；

精盐 1 g，溶于 150 mL 水中，咸度适中；

酱油 5 mL，溶于 200 mL 水中，色好味适；

味精 0.1 g，溶于 100 mL 水中，鲜味适宜；

胡椒 0.05 g，溶于 100 mL 水中，辛辣适宜；

一份甜汤（以 400 mL 汤液计算）用砂糖 50 g 为宜；

一份咸汤（以 400 mL 汤液计算）或一份菜肴（容积相当于 400 mL 溶液），其较经济、较适宜的主要调味品参考用量标准为：精盐 2.7 g、酱油 10 mL、味精 0.4 g、胡椒粉 0.2 g。

（2）调味品成本核算方法

餐饮产品的生产加工可分为两种类型，即单件生产和批量生产。

单件生产以各种菜肴为主，批量生产以卤制品和各种主食、点心为主；生产类型不同，调味品的核算方法也不同。

① 单件调味品成本核算法。单件制作产品的调味品成本也称为个别调味品成本，各种单件生产的菜肴的调味品成本都属于这一类。核算这一类产品的调味品成本，先要把各种调味品用量估算出来，然后根据其购进单价（即单位成本），分别算出其价款，然后逐一相加即可。

单件产品调味品成本计算公式是：

单件产品调味品成本 = 单件产品耗用的调料①成本 + 调料②成本 +……+ 调料（n）成本。

【例 9.12】 广东某餐馆的"油焖大虾"一份，耗用各种调味品数量及其成本分别是：生油 60 g，0.50 元；酱油 20 g，0.22 元；糖 4 g，0.05 元；鸡精 3 g，0.07 元；淀粉 2 g，0.02 元；料酒 3 g，0.02 元。试计算每份油焖大虾的调味品成本。

解：将上列各种调味品成本逐一相加即可：0.60+0.22+0.05+0.07+0.02+0.02=0.98（元）

答：这份油焖大虾的调味品成本是 0.98 元。

② 批量平均调味品成本核算法。批量平均调味品成本，指批量生产（成批制作）产品的单位平均调味品成本。点心类制品、卤制品等都属于这一类。计算这类产品的调味品成本时，可用容器估量法和体积估量法估算出整批产品中各种调味品的总用量及其成本。在这种情况下，调味品的使用量一般较多，应尽可能过秤，使其调味品成本核算较为精确，同时也能保证产品质量的稳定。用调味品的总成本除以产品的总数量，求出每一单位产品的平均调

味品成本。

批量产品平均调味品成本的计算公式是：

平均调味品成本 = 批量生产耗用调味品总值 ÷ 产品总量

【例9.13】 某餐馆用生猪肝8.4 kg，制成卤猪肝5.1 kg，经估量或实称，共用去各种调味品数量及其价款为：生油100 g，1.50元；糖250 g，1.50元；料酒250 g，1.20元；酱油750 g，3.00元；葱、姜少许，0.80元；味精10 g，0.30元；八角、桂皮等少许，0.37元。要求计算每100 g猪肝的调味品成本。

解：第一步，将各种调味品成本价款逐一相加，得出这批卤猪肝的调味品成本总值是：

1.50+1.50+1.20+3.00+0.80+0.30+0.37=8.67（元）

第二步，求出每100 g卤猪肝的调味品成本是：

8.67÷5.1×0.1=0.17（元）

答：每100 g卤猪肝的调味品成本是0.17元。

（3）单一调味品和复合调味品

由一种物质构成，只具有一种味道的调味品，称为单一调味品。如具有甜味的糖，具有咸味的盐，具有鲜味的鸡精等。调味品的纯度很高，一般没有损耗，所以其购进单价即为其单位成本。

由某些单一调味品按比例配合，加工制作而成具有多种味道的调味品，称为复合调味品，如传统的糖醋汁、花椒盐、辣椒油等，以及现代流行的沙拉调味汁、沙茶酱等。多数复合调味品可以直接从市场上采购，有的则是由各个餐饮企业根据特色风味自选配制的。计算某种复合调味品的单位成本，一般只要用总成本减去配制的各种调味品成本就可以了。

其计算公式是：

复合调味品单位成本 =（各种调味品成本之和 + 燃料成本）÷ 复合调味品质量

【例9.14】 自制辣椒油4.8 kg，用去干辣椒0.5 kg（7.8元），炼油3 kg（63元），花生油2 kg（36元），耗用燃料3.6元，试计算每100 g辣椒油的成本。

解：各种调味品成本之和为：

7.8+63+36=106.8（元）

其中，燃料成本为3.6元；复合调味品质量为4.8 kg。

代入计算公式：

[（106.8+3.6）÷4.8] × 0.1=2.3（元）

答：每100 g辣椒油的成本为2.3元。

3）餐饮产品成本核算方法

菜肴品种繁多，一般分为两大类，即热菜和冷盘。餐饮产品的成本是它所耗用的各种原材料及燃料的成本之和，即所耗用的主配料成本、调味品成本及燃料成本之和。

由于餐饮产品的加工制作大致可分为成批生产和单件生产两种类型，因此，产品成本的核算方法也相应分为两种。

① 先总后分法。

先总后分法，就是先求出每批产品的总成本，而后求出具每一单位产品的平均成本。适用于求成批制作的餐饮产品成本，如卤制品、主食点心等。

成批制作的餐饮产品，其每单位产品的用料和规格质量一样，因此，其单位产品的成本相等。求其单位产品成本时，一般是先求出每一批产品的总成本，然后再根据该批产品的数量，求出其每一单位产品的平均成本。点心食品通常是批量生产制作的，因此可按上面所讲的先总后分方法计算其成本。在点心的成本核算中，首先要确定制好后的皮或馅的用量，才能根据每个品种的规格标准确定其数量、成本和售价。

在点心的制作中，多数是通过皮馅结合而成的，分有皮无馅或有馅无皮的品种，其计算方法都是一样的。

计算方法：

本批产品所耗用的原材料总成本 = 本批产品所耗用的主料成本 + 本批产品所耗用配料成本 + 本批产品所耗用调味品成本。

$$单位产品的平均成本 = \frac{本批产品耗用原材料总成本}{产品数量}$$

【例 9.15】 某点心部门制作双皮奶，需用鸡蛋 1 200 g，单价 7.00 元 /kg；牛奶 1 000 g，单价 12 元 /kg；白糖 800 g，单价 3.80 元 /kg。产品每件重 40 g，试求双皮奶总成本和每件的成本。

解：双皮奶的总成本是：$1.2 \times 7.00 = 8.4$（元）
$$1.0 \times 12.00 = 12（元）$$
$$0.8 \times 3.80 = 3.04（元）$$
$$8.4 + 12 + 3.04 = 23.44（元）$$

产品的总质量 = $1 200 + 1 000 + 800 = 3 000$（g）

$$产品件数 = \frac{3\ 000}{40} = 75（件）$$

$$双皮奶的单位成本 = \frac{23.44}{75} \approx 0.313（元 /kg）$$

答：双皮奶总成本是 23.44 元，每件成本约为 0.313 元 /kg。

② 先分后总法。

先分后总法，就是先计算出单位产品中所耗用的各种原材料的成本，而后逐一相加，再加上所耗用的燃料成本，即得出单位产品的总成本。适用于单件制作的产品成本，如小炒荤菜、花色冷盘等。菜肴的制作都是个别切配、单件制作的，所以要计算每一个菜肴的成本，只需把菜肴所耗用的各种原材料成本相加即可。

计算公式：

单位产品成本 = 单位产品所用主料成本 + 单位产品所用配料成本 + 单位产品所用调味品成本 + 单位产品所耗燃料成本。

【例 9.16】 制作糖醋鱼一份，用料如下：净鲤鱼肉 500 g，单价 12 元 /kg；净蛋 80 g，单价 7.00 元 /kg；生粉 78 g，单价 3.20 元 /kg；糖醋 300 g，单价 3.00 元 /kg；白糖 32 g，单价 3.70 元 /kg；味精 5 g，单价 20.00 元 /kg；生油 200 g，单价 22 元 /kg；精盐 3.00 g，单价 2.20 元 /kg，燃料费为 1 元。试求该份菜肴的成本。

解：糖醋鱼的原材料单位成本如下：
$$0.50 \times 12.00 = 6（元）$$

0.08 × 7.00=0.56（元）

0.078 × 3.20=0.249 6（元）

0.3 × 3.00=0.90（元）

0.032 × 3.7=0.118 4（元）

0.005 × 20.00=0.10（元）

0.2 × 22.00=4.4（元）

0.003 × 2.20=0.006 6（元）

糖醋鱼总成本 =6+0.56+0.249 6+0.9+0.118 4+0.1+4.4+0.006 6+1 ≈ 13.33（元）

答：该份菜肴的成本约为 13.33 元。

9.2.3 毛利率的计算和菜单定价

1）毛利率

（1）销售毛利率和成本毛利率

毛利率是国家物价主管部门根据市场供求情况及企业产品的特点，规定的毛利与销售价格之间的比值。毛利指的是营业费用与营业税及利润汇总。毛利的作用是：补偿企业费用的支出，为国家和企业合理积累资金。毛利率指的是毛利与产品成本之间的比例关系。毛利率可分为两种：一种是销售毛利率，指毛利与产品销售价格的比值；另一种是成本毛利率，指毛利与产品成本的比值。它们分别反映了每百元产品销售收入和产品成本取得的毛利额，对核定物价和餐饮企业营利都有重要影响。经营部门通常使用的是销售毛利率，常简称为毛利率。

毛利率同成本率、费用率、利润率有密切联系，用公式表示为：

$$毛利率 + 成本率 =1$$
$$毛利率 - 费用率 - 税率 = 利润率$$

产品的成本和价格确定以后，能否在这个产品中获得利润，取决于其毛利是否大于生产经营费用与税金之和。凡毛利大于二者之和，企业就会赢利；反之，毛利小于二者之和，企业就会亏损。

企业在确定毛利率范围的同时，还应根据本企业的具体情况制订出费用率，即费用与销售额的比值。

在费用率比较稳定的情况下，如果出现赢利不足或亏损的情况时，应立即检查毛利率的执行情况，尤其要在原材料耗费或在价格上作出相应的调控措施；反之，如果毛利率稳定在规定的范围内，而费用率偏高，导致营利降低时，则不能采取调高价格的措施，而是应该注意节约开支、降低费用，以保证企业有一定的赢利，不断提高企业的经济效益和社会效益。

（2）确定产品毛利率的原则

企业确定各个产品的具体毛利率时，还必须根据本企业的实际状况，充分考虑以下几个方面的因素：

① 凡与人民生活关系密切的大众菜肴，毛利率应低些。

② 筵席和特色风味菜肴的毛利率应高于一般菜肴的毛利率。

③ 时令菜肴的毛利率可以高一些，反之应低一些。

④ 原材料质量好，货源紧张，操作过程复杂的精致菜肴毛利率可以高一些，反之应低一些。

⑤原材料成本低，起售点小的菜肴，毛利率可适当高一些。

我国一般中档餐饮企业的综合毛利率为 50% ~ 55%。

（3）销售毛利率与成本毛利率

销售毛利率又称"内扣毛利率"或简称"毛利率"。成本毛利率又称"外加毛利率"或"加成率"以及"产销差率"等。相关计算公式如下：

$$餐饮产品毛利 = 餐饮产品销售价格 - 餐饮产品成本$$

$$销售毛利率 = \frac{餐饮产品毛利}{餐饮产品销售价格} \times 100\%$$

$$成本毛利率 = \frac{餐饮产品毛利}{餐饮产品成本} \times 100\%$$

（4）销售毛利率与成本毛利率的转换公式

$$成本毛利率 = \frac{销售毛利率}{1 - 销售毛利率} \times 100\%$$

$$销售毛利率 = \frac{成本毛利率}{1 + 成本毛利率} \times 100\%$$

【例 9.17】 已知菜肴"白切鸡"销售价格为 36.00 元，耗用原材料成本为 20.00 元，试求其销售毛利率和成本毛利率。

解：菜肴的毛利 =36.00-20.00=16.00 元

$$销售毛利率 = \frac{16.00}{36.00} \times 100\% \approx 44.44\%$$

$$成本毛利率 = \frac{16.00}{20.00} \times 100\% = 80\%$$

答：菜肴的销售毛利率为 40%，成本毛利率为 80%。

【例 9.18】 已知小炒回锅肉的销售毛利率为 55%，求它的成本毛利率。

解：成本毛利率 $= \dfrac{55\%}{1-55\%} = \dfrac{55\%}{45\%} \approx 122.22\%$

答：小炒回锅肉的销售毛利率为 55% 时，其成本毛利率是 122.22%。

2）菜单的定价

（1）餐饮产品销售价格

餐饮产品的销售价格是由产品成本、生产经营费用、税金以及利润四部分构成。

公式表示为：

$$餐饮产品价格 = 产品成本 + 利润 + 税金 + 生产经营费用$$

① 产品成本指该产品所耗用的原材料成本，即主料成本、辅料成本以及调味品成本。

② 生产经营费用包括经营中的各项开支，如水电费、燃料费、运输费、折旧费、修缮费、家具用具摊销费、办公费、职工工资奖金等。

③ 税金（营改增后，营业税由增值税替代，餐饮业小规模纳税人增值税税率为 3%，餐饮业一般纳税人增值税税率为 6%）。

④ 利润。利润是指营业收入扣除产品成本、营业费用和营业税以后的余额，是反映企业经营成果好坏的指标。

计算公式为：

$$餐饮产品价格 = 产品成本 + 毛利$$

用字母表示，即：

$$P = C + M$$

式中　　P——餐饮产品的销售价格；

　　　　C——产品成本（即耗用原材料成本）；

　　　　M——餐饮产品的毛利。

餐饮产品的利润，是由产品的销售价格扣除产品成本之后所得的毛利中形成的。从毛利中扣除费用和税金就是利润（通常也称为产品的纯利）。

利润与成本的比率称为成本利润率。

利润与销售价格的比率称为销售利润率。

（2）餐饮产品定价的原则

餐饮产品定价应遵循以下原则：

① 必须贯彻合理稳定的原则。

所谓合理稳定，是指餐饮产品的价格要适应不同的消费水平，并在各类餐饮产品价格之间保持适当的稳定；餐饮企业的毛利率和各类产品毛利率的掌握，要力求稳定在一定的水平上。

② 按质分等论价的原则。

按质分等论价，即按照产品的不同质量确定不同的毛利率，同时，还应根据不同餐饮企业的烹调技术、选用原材料、服务设施和服务质量等的不同，划分类型等级，以不同等级餐饮企业和产品分等来确定毛利率。

③ 时菜时价的原则。

所谓时菜时价，是指不同季节的菜肴（尤其是时令菜肴）应当随行就市，确定当时的价格。

（3）销售毛利率法

销售毛利率法是根据餐饮产品成本和销售毛利率来计算食品销售价格的一种定价方法。销售价格由产品成本和毛利组成。此法以产品的售价为基础（即 100%），从中扣除预期毛利占销售价格的百分比（即销售毛利率），剩下产品成本占售价的百分比，并据此计算销售价格，因而也称"内扣毛利率法"。

计算公式及推导：设 P 为销售价格，C 为产品成本，M 为毛利，R_P 为销售毛利率。

因为销售毛利率是毛利占销售价格的百分比，所以毛利等于销售价格乘以毛利率，即：

$$M = P \times R_P \tag{1}$$

又因为销售价格等于产品成本加毛利，即：

$$P = C + M \tag{2}$$

将（1）式代入（2）式，得：

$$P=C+P \times R_P$$

移项得：

$$C=P（1-R_P）$$

$$移项得：P=\frac{C}{1-R_P}$$

即：餐饮产品销售价格 = 成本 ÷（1–销售毛利率）

【例 9.19】 里脊肉丝一份。猪里脊肉 200 g，其进货单价为 12.00 元 /kg；冬笋 150 g，进货单价为 4.00 元 /kg；熟猪油 75 g，进货单价为 6.00 元 /kg；鸡蛋 1 个，价款 0.30 元；淀粉、鸡精、盐等调味品成本为 0.20 元。若销售毛利率为 45%，试求这份里脊肉丝的销售价格。

解：第一步，计算耗用原材料成本。

猪里脊肉成本 = 0.20 × 12.00=2.4（元）

冬笋成本 = 0.15 × 4.00=0.6（元）

鸡蛋成本 = 0.3（元）

熟猪油成本 = 0.075 × 6.00=0.45（元）

调味品成本 = 0.2（元）

合计成本 =2.4+0.6+0.3+0.45+0.2=3.95（元）

第二步，计算销售价格。将第一步计算出来的成本及已知的销售毛利率代入公式，得：

销售价格 = $P=C÷（1-R_P）$=3.95 ÷（1–45%）≈ 7.18（元）

答：里脊肉丝的销售价格为 7.18 元。

【例 9.20】 滑蛋牛肉一份。腌渍牛肉 200 g，单价为 11.00 元 /kg；净鸡蛋 300 g，鸡蛋进货单价为 6.00 元 /kg，净料率 88%；味精 1.5 g，单价 12.00 元 /kg；猪油 75 g，单价为 6.00 元 /kg；葱 10 g，单价为 2.00 元 /kg；精盐等调料成本为 0.05 元。若销售毛利率为 40%，试求这份滑蛋牛肉的销售价格。

解：第一步，求净蛋的单位成本。

净蛋单位成本 =6 ÷ 88% ≈ 6.818（元 /kg）

第二步，计算耗用原材料成本。

牛肉成本 0.2 × 11.00=2.2（元）

净蛋成本 0.3 × 6.818=2.045 4 ≈ 2.045（元）

猪油成本 0.075 × 6.00=0.450（元）

葱成本 0.01 × 2.00=0.02（元）

精盐等调味品成本 0.05（元）

合计成本 4.765（元）

第三步，计算售价（代入公式）。

销售价格 = $P=C÷（1-R_P）$=4.765 ÷（1–40%）≈ 7.94（元）

答：滑蛋牛肉的销售价格为 7.94 元。

（4）成本毛利率法

成本毛利率法是根据餐饮产品的成本和成本毛利率来计算产品销售价格的定价方法。此方法以产品成本为基础（即 100%），加上毛利占产品成本的百分比即成本毛利率，再以此计算产品的销售价格，因此也称"外加毛利率法"或"加成法"。

其计算公式及推导为：设 P 为销售价格，C 为产品成本，M 为毛利，R_C 为成本毛利率。

因为成本毛利率是毛利占产品成本的百分比，所以毛利等于产品成本乘以成本毛利率，即：

$$M=C \times R_C \qquad （1）$$

又因为餐饮产品销售价格由成本和毛利组成，所以有：

$$P=C+M \qquad （2）$$

把（1）式代入（2）式，得：

$$P=C+C \times R_C$$

合并得：

$$P=C（1+R_C）$$

即：餐饮产品销售价格 = 产品成本 ×（1+ 成本毛利率）

【例 9.21】 西湖菊花鱼一份。青鱼肉 200 g，单价 10.00 元 /kg；五柳料 50 g，单价为 3.20 元 /kg；生粉 80 g，单价为 2.40 元 /kg；净鸡蛋 35 g，单价为 6.80 元 /kg；糖醋 200 g，单价为 2.00 元 /kg；生油 75 g，单价为 6.00 元 /kg；精盐、味精等调料 0.05 元。若成本毛利率为 90%，试求其销售价格。

解：① 计算耗用原材料成本。

青鱼成本 = 0.2 × 10.00=2.00（元）

五柳料成本 = 0.05 × 3.2=0.16（元）

生粉成本 = 0.08 × 2.4=0.192（元）

鸡蛋成本 = 0.035 × 6.80=0.238（元）

糖醋成本 = 0.20 × 2.00=0.4（元）

生油成本 = 0.075 × 6.00=0.45（元）

精盐、味精等调料成本 = 0.05（元）

合计成本 = 3.49（元）

② 计算销售价格（代入公式）。

$P=C ×（1+R_C）=3.49 ×（1+90%）=3.49 × 1.9=6.631 \approx 6.63$（元）

答：西湖菊花鱼的销售价格为 6.63 元。

【例 9.22】 已知一盘菜的销售价格是 12.30 元，成本毛利率为 80%，求这盘菜的成本。

解：由销售价格公式 $P=C（1+R_C）$ 移项得：

$$C=\frac{P}{1+R_C}$$

所以这盘菜的成本 $C \approx 6.833$（元）

答：这盘菜的成本是 6.833 元。

3）餐饮产品价格的调整

餐饮产品价格在制订以后，还应随着社会劳动生产率的发展和市场供求关系的变化，根据餐饮产品价格的复杂性、灵活性、时令性和季节性等特点，进行必要的调整。

（1）综合比较法

综合比较法一般适用于餐饮业的政策性调价。它往往是在国家经济政策、物价政策发生变动时所采用的。因而这种价格调整具有一定的综合性、普遍性。而且，这种方法是以原定价格为基数，由物价部门和行业主管部门提出调价幅度，企业按要求进行价格调整。其计算公式为：

$$新调价格 = 原定价格 + 原定价格 × 调价百分比$$

（2）成本比例法

成本比例法是适用于原材料成本变动而需要调整价格的一种方法。一般是根据市场农副产品价格和主要消费品比价变动情况，分析餐饮企业成本变动程度，然后根据综合成本变动率或单件产品成本提高幅度，在国家物价政策允许范围内进行价格调整。

在具体方法上，可根据单件产品成本变动情况进行调价，其计算公式为：

$$新调价格 = 原定价格 + 原定价格 ÷ （1- 销售毛利率）$$

（3）销售人员意见法

销售人员意见法一般是指市场供求关系发生变化，如季节变化、时令变化等，需要调整部分餐饮产品价格时采用的一种方法。

其方法是由主管人员召集销售人员开会，分析市场状况和顾客反映，找出那些价格偏低供不应求或价格过高无人问津的部分产品或服务项目，分析具体原因，让大家充分发表意见，然后确定需要调价的品种或项目，确定调价幅度，进行价格调整。

（4）喜爱程度法

餐饮产品花色品种繁多，顾客对各种产品的喜爱程度不同，可以通过分析顾客对餐饮产品的喜爱程度，了解生产经营情况和价格合理与否。喜爱程度法以历史统计资料为依据，计算顾客对有各种支付能力的餐饮产品的喜爱程度。喜爱程度高说明产品质量好、价格合理。如果喜爱程度很高，而且总是供不应求，就可以适当提高价格，反之，则应适当降低价格。

其计算公式为：

$$喜爱程度 = 某种产品的销售总份数 ÷ 用餐顾客总数$$

🔔 9.2.4　成本控制及方法

1）成本控制的意义

餐饮企业成本控制是餐饮经营管理的重要内容，由于餐饮企业的成本结构制约着餐饮产品的价格，而餐饮产品的价格又影响着餐厅的经营和上座率。因此，餐饮企业成本控制是餐饮经营的关键。在餐饮经营中，保持或降低餐饮企业成本中的原材料成本和经营费用，尽量提高食品原材料成本的比例，使餐饮产品的价格和质量更符合市场要求、更有竞争力，是保证餐饮经营效益、增强竞争能力的具体措施。

成本费用管理由成本费用预算、成本费用控制和成本费用分析3个方面构成。成本费用预算是成本费用管理工作的开始，是成本费用控制的目标和依据。而通过成本费用分析所反映出来的问题又为成本费用控制提供了明确的工作重点，使控制工作更有效率。

餐饮企业成本控制，是指按照餐饮企业规定的成本标准，对餐饮产品的各成本因素进行严格的监督和调节，及时揭示偏差并采取措施加以纠正，以将餐饮企业成本控制在计划范围内，保证实现餐饮企业成本控制目标。

（1）餐饮成本控制是增加利润的重要手段

餐饮企业的利润取决于营业和成本两大要素，即提高餐饮企业利润的基本途径是增收节支。餐饮管理者只要把注重营业额的一小部分精力用于成本控制就能会产生事半功倍的效果。

（2）注重成本控制的企业拥有较强的"抗震"能力

只有降低成本，餐饮企业在市场上才有较强的竞争力。

（3）培养造就优秀管理人才

餐饮企业成本控制是餐饮企业经营管理的核心内容，是经营管理中难度最大的工作，也是一门高超的管理艺术。

2）餐饮企业成本控制的程序

① 制订标准成本。

标准成本是对各项成本和费用开支所规定的数量限制，制订的标准成本必须具有竞争力。

② 实施成本控制。

管理人员一定要对餐饮产品的实际成本进行抽查和定期评估。

③ 确定成本差异。

成本差异是标准成本和实际成本的差额。

3）餐饮企业成本控制的内容

① 饮料原材料的成本控制关键在于饮料的销售过程。

饮料的成本控制方法：标准成本控制法；消耗量控制法；理论销售额控制法。

饮料成本控制的重要环节：制订标准酒谱；采购控制；领（发）料控制；配制过程控制；培训控制；加强对退回和错配的饮料的控制；加强对酒吧间饮料存货的控制。

② 食品原材料的成本控制。主要环节包括两个方面：食品原材料的采购和食品原材料的使用。

③ 人工成本控制（用工数量控制、工资总额控制）。

④ 燃料和能源成本控制。

⑤ 经营费用控制（通过加强餐厅的日常经营管理才能实现）。

4）成本费用控制的基本方法

成本费用控制的方法较多，基本方法有预算控制法、制度控制法、标准成本控制法等。

（1）预算控制法

预算控制法是指以标准成本计算在一定业务量下的成本开支额。这种控制法是以预算指标作为控制成本费用支出的依据，通过分析对比，找出差异的原因并采取相应的改进措施，以保证成本费用预算的顺利实现。

① 传统预算法：简单易行，省时省力，但缺乏科学性和先进性。

② 滚动预算法：工作量较大，费用预算更加符合实际，更加便于控制。

③ 零基预算法：量力而行，节约开支，提高效益，更充分地发挥控制实际支出的作用。一般适用于编制企业管理费的预算。

（2）制度控制法

制度控制法是利用国家及餐饮企业内部成本费用及各项管理制度来控制成本费用开支的。从财务管理角度出发，国家规定了成本开支范围及费用开支标准，这些都是餐饮企业在进行成本控制时应该遵循的。

（3）标准成本控制法

标准成本控制法是指采用科学的方法，经过调查、分析和预算，制订正常生产经营条件下应该实现的目标成本。运用标准成本控制法进行成本控制的基本步骤是：

① 制订标准成本（费用）。这是极其重要的一项工作，标准制订得过高或过低，都不利于成本费用的控制，应该掌握平均先进的水平，即在过去一定时期平均实际成本的基础上，考虑到未来变动趋势、经过努力能达到的成本水平。

② 进行成本差异分析。是将实际成本与标准成本的差异找出来，并分析形成差异的因素。分析形成差异的因素后，进一步寻找原因，从而分析餐厅成本费用的日常控制成效。

价格差异额 = 实际价格 × 实际耗用量 - 标准价格 × 实际耗用量

耗用量差异额 = 标准价格 × 实际耗用量 - 标准价格 × 标准耗用量

原材料差异额 = 价格差异额 + 耗用量差异额

③ 对成本差异实施管理。由于影响餐厅经营的许多因素都在随时发生变化，无论标准成本制订得如何科学，成本差异总是会存在的。管理的目的在于通过对可控差异进行管理，寻找降低成本费用的有效途径，找出企业可以控制的因素，分清差异形成的原因，提出处理意见。

5）餐饮企业成本的日常控制

餐饮经营都有其特点，无论就餐人次还是顾客的消费水平，都没有过多的限制，可见餐饮经营是比较灵活的，同时难度也是比较大的。因此，制订有效的餐饮企业成本管理制度，实行严格的成本控制，对减少浪费、提高餐厅的经济效益具有重要作用。

（1）餐饮企业成本的控制

从餐饮企业本身来说，在不违反国家规定的情况下，可以实行标准成本控制法，对菜肴的成本支出实行定额管理，为此，餐饮企业一般通过"三标准"来控制成本。

① 标准分量。即制作的菜肴出售给顾客时每一份的量都是标准化的，不能出现分量不均的状况，分量不均是大多数顾客难以接受的，也是成本难以控制的。

② 标准菜谱。标准菜谱是制作菜肴的标准配方卡，上面标明了每一种菜肴所需原材料、配料、调味品的确切数量、制作成本、烹饪方法、售价等，可作为成本控制的依据。

③ 标准采购规格。采购规格是对具体商品的质量、尺寸、重量、价格等的具体要求。

（2）餐饮企业费用的控制

餐饮企业的营业费用包括人工费、经营费、水电燃料费及其他费用。人工费用在一般情况下基本不变，但遇到旺季营业量大增时可能需雇用一些临时工，会造成开支增大。为此，需确定合理的工时标准和工资率标准，依据淡旺季不同加以调整。

餐饮企业费用控制的另一个重点是餐具的损耗。餐具是指供顾客就餐时使用的碗、碟、杯、刀、叉、勺、筷子等。这些餐具极易丢失和损坏，控制不力，会造成费用的大幅度上升。为了降低餐具损耗率，需要对这些餐具实行管、用相结合的办法进行控制，制订出合理的损耗率作为控制的依据，减少损耗，增加利润。

（3）餐饮费用的控制

① 人工费控制。

A. 影响劳动力成本的因素：政府政策、工资及福利水平、经营的季节性、营业收入、产品的制作难度、员工职业培训程度。

B. 劳动力成本控制：制订科学的劳动定额、配备适量的员工、合理排班。

② 水电及燃料费用控制。

A. 编制年度预算。

B. 编制月度消耗标准。

某项费用的月度消耗标准 = 该项费用年度预算总额 × 季节指数

C. 加强水电及燃料的日常管理：教育员工养成节约的习惯，加强对水电及燃料设备、设施的保养。

D. 定期进行费用差异分析。

③ 餐具费用控制。

确定消耗标准、定点存放、定人管理、定期盘存，制订相应的管理制度。

【例 9.23】 某餐厅制作鸡蛋鱼卷，按照标准应投入主料净鱼肉 1 550 g，采购价 38.00 元 /kg；鸡蛋 150 g，采购价 7.50 元 /kg；而实际用了主料净鱼肉 1 680 g，采购价 35.00 元 /kg；鸡蛋 160 g，采购价 8.50 元 /kg。试分析成本差异，并说明差异的原因。

解：耗用量差异额 =（1.68−1.55）×38+（0.16−0.15）×7.5=5.015（元）

价格差异额 =（35−38）×1.68+（8.5−7.5）×0.16=−4.88（元）

原材料差异额 =−4.88+5.015=0.135（元）

【练习与思考】

1. 制作鱼香肉丝一份，用料如下：猪瘦肉 300 g，单价 12 元 /kg；生粉 78 g，单价 3.20 元 /kg；糖醋 300 g，单价 3.00 元 /kg；白糖 32 g，单价 3.70 元 /kg；味精 5 g，单价 20.00 元 /kg；生油 200 g，单价 22 元 /kg；精盐 3.00 g，单价 2.20 元 /kg，燃料费为 1 元。试求该份菜肴的成本。

2. 已知菜肴辣子鸡丁销售价格为 45.00 元，耗用原材料成本为 16.00 元，试求其销售毛利率和成本毛利率。

3. 成本控制的基本方法有哪些？

模块 6
中餐厨房常用设备使用和基本维护

项目 10
中餐厨房常用设备的使用

　　厨房设备是放置在厨房或者供烹饪用的设备、工具的统称。厨房设备包括烹饪生产设备和烹饪配套设备。烹饪生产设备包括加热类设备、处理加工类设备、消毒和清洗加工类设备、常温和低温储存设备等。烹饪配套设备包括通风设备，如排烟系统的排烟罩、风管、风柜，处理废气废水的油烟净化器、隔油池等。厨房设备是厨房生产中必不可少的，正确地使用和保养厨房设备是餐饮企业降低安全事故和生产成本的关键环节。本项目重点介绍常用生产设备的使用和保养，为烹饪工作奠定基础。

知识教学目标
◇ 了解常用厨房设备的名称和作用。
◇ 掌握常用厨房设备的正确使用方法。

能力培养目标
◇ 熟练掌握加工设备的使用方法。
◇ 正确使用加热设备，减少安全事故的发生。

职业情感目标
◇ 学习厨房常用设备知识，使学生明确设备在生产中的重要性。
◇ 通过本节的学习，让学生树立爱岗敬业的高尚情操。

任务1 中餐厨房常用设备的使用

[案例导入]

厨房设备能正常运行的前提是保证设备的日常维护和保养。厨房设备长期要与水、火接触，电线易老化短路，零部件易磨损，直接影响厨房生产的安全性、稳定性，从而降低使用效率，甚至会导致厨房设备丧失其固有的基本性能，无法正常运行。如此，厨房设备就要进行大修或更换，这样就增加了企业成本，影响企业资源的利用率。因此，必须建立科学、有效的设备管理制度，加大对设备日常管理的力度，将理论与实际相结合，制订科学合理的设备的维护、保养计划。

[任务布置]

本次课的主要任务是了解常用厨房设备的名称、使用方法以及保养知识，在以后的工作中做到设备会使用、能保养，以延长设备的使用寿命。

[任务实施]

10.1.1 中餐厨房加工、冷冻、冷藏设备的使用

1）厨房加工设备的使用方法

（1）和面机

① 使用前，应将定位销插牢，使面斗口朝上。推开面板加入面粉，把开关扳至正转。边和面边加水，加至适量后盖上面板，和面6～10分钟，将开关关闭。将面板打开，拔出定位插销，然后将面斗口朝前反倒，再将定位销固定好，最后反转取面。

② 机器在正转和面时，如要反转，需要停机后再重新启动，否则会造成机器齿轮损坏。

③ 要按规定容量使用，严禁超载使用。如果突然停机或故障停机要先切断电源，再检修。

④ 使用时，严禁将手伸入面斗内查看和面情况，以防发生事故。

⑤ 冬季使用时，要先空转5分钟后再使用，对机器有保护作用。

⑥ 使用完毕后，关闭电源，清理干净。

（2）压面机

① 开机前，先向两侧油孔加1～3滴润滑油。

② 操作时，严禁戴任何手套操作，以免造成安全事故。

③ 食料要自行前进，严禁强制推行。

④ 在压面时，要先选择好合适间距的切刀再进行压面。

⑤ 使用完毕后，要及时关闭电源。

（3）搅拌机

①逆时针旋松机头锁紧手柄，慢慢抬起机头直至需要位置，再顺时针旋紧手柄，机头便可固定。放下机头时，则先用手扶住机头，逆时针旋松机头锁紧手柄，慢慢放下机头，放到正确位置后，顺时针旋紧手柄。

②将搅拌缸放在机座上，旋紧固定。

③将搅拌头装入机头固定洞中，向内推并向左旋转（顺时针方向旋转）即可把搅拌头固定在机头上。拆下搅拌机时，请反方向旋转搅拌头。拆装搅拌头时，须用手扶着搅拌头，以免搅拌头掉落伤人或造成机器损伤。

④使用时，接上电源，打开开关即可。旋转速度控制钮，选择合适的速度，顺时针快，逆时针慢。开机前，必须先将速度控制钮调整到 0 挡。

（4）打蛋器

①使用前，要选择正确的挡位。

②要严格按规定的容量进行工作，不能超过规定容量。

③机器使用过程中，严禁更换挡位。

④根据所加工的食物的要求，要选择相应的搅拌头，要将打蛋、搅拌、和面 3 个搅拌头对号使用。

⑤使用时，容器离搅拌头的距离要控制好，以免容器将打蛋器损坏。

⑥使用完毕后，清扫干净残渣。

⑦严禁无人运行。

（5）豆浆机

①使用前，检查机器容器的内部卫生。

②通上电源，再将泡好的豆子放入机器容器内。

③在机器运转过程中，需少量多次加水。为保障豆浆质量，加水不能太急。

④使用完毕后，应立刻关闭电源。

⑤对机器容器内残留物进行清理。在清理过程中，不可用水管或大量水直接冲洗，以免造成电机进水而损坏。

⑥机器要存放于阴凉干燥处。

（6）果汁机

①使用前，检查机器容器的内部卫生。

②将去皮的水果切块并放入果汁机内。

③选择合适的挡位，按下开关。

④果汁制成后，立刻关闭电源。

⑤果汁机一次连续运转时间不能超过 30 s，否则容易烧坏电机。

⑥使用完毕后，清理好机器内外卫生。

2）厨房冷冻、冷藏设备的使用方法

（1）冰箱

①合理调节冰箱内温度，冷藏室：3 ～ 5 ℃；冷冻室：-10 ～ -7 ℃。

②合理存放食物，存放量为冰箱容积的 80%。

③不可将热食物直接放入冰箱内，待冷却后才可放入。

④ 不可将已变质的食物放入冰箱内。

⑤ 冰箱内食物要摆放整齐，食物之间要有间隙，以免影响储存效果。

⑥ 食物的存取要有计划性，要及时关闭冰箱门。

（2）冷藏展示柜

① 根据实际情况，合理设定温度。

② 食物要摆放整齐，每次放入食物时要保证食物新鲜无变质。

③ 每天餐后，要及时将食物收回存放。

④ 每天餐后，要将设备门帘拉下、关闭照明灯，以节约能源。

⑤ 发现机器异常，应及时报修。

（3）冷库

① 冷库内存放食物间距要适当，以便盘点、出入库等操作。

② 食物出入库时动作要快，尽量减少冷气损失。

③ 冷库内食物要归类摆放整齐，食物之间要有间隙，不能堆放，带有包装的食物应尽量将包装去掉，以保证食物质量。

④ 冷藏库温度一般设置为 5 ~ 10 ℃，冷冻库温度一般为 –15 ~ –5 ℃。

⑤ 冷库要安排专人管理，非冷库管理人员严禁操作冷库。

🔔 10.1.2　中餐厨房加热设备的使用方法

1）蒸箱

① 使用前，先检查水位，然后打开鼓风机。

② 打开气阀，点燃引火器、打开火种阀并点燃，关闭引火器，打开风火阀并调到最佳状态，最后将火种阀关闭。

③ 使用时，蒸箱门要轻关轻开。

④ 使用完毕后，先关风火阀，再关总气阀，最后将风机断电。

2）电烤箱

① 使用前，先检查箱内有无杂物，再将食物放入箱内，关好箱门。

② 接通电源，设定好所需温度即可。（可选自控）

③ 食物必须用容器存放，不能直接放于箱内。

④ 使用过程中要有人值守，随时检查食物和温度。

⑤ 放取食物时，要注意防护，以免烫伤。

⑥ 使用完毕后，关闭温控器和电源，将食物取出。

3）炉灶

① 接通电源，启动风机。

② 检查并确认设备上所有燃气阀门均处于关闭状态后，打开燃气主管道阀门。

③ 打开点火棒燃气旋塞，用明火将其点燃。

④ 将点火棒火种对准燃烧器头部中心位置，打开炉灶火种（长明小火）燃气阀门，待火种被点燃后，随即关闭点火棒燃气旋塞，将点火棒熄灭。

⑤ 打开燃烧器燃气阀门，点燃燃烧器（大火），即可工作。

⑥ 如短时间内停止工作，只需将燃烧器的燃气阀门关闭，保留火种，断续工作时再次将燃烧器燃气阀门关闭，保留火种，继续工作时再次将燃烧器燃气阀门打开即可。

⑦ 使用过程中，可通过调整燃烧器燃气阀门开启量的大小来控制火力强弱。

⑧ 使用完毕后，依次关闭燃烧器阀门、火种燃气阀门，燃气管主管路阀门及所有燃气阀门，并关闭风机电源。

4) 电饼铛

① 使用前，检查电热板卫生情况，保障清洁无杂物。

② 接通电源，打开开关，检查加热是否正常。

③ 设定好食物所需要的温度。

④ 使用过程中，要有人在场值守；使用完毕后，关闭电源。

⑤ 使用完毕后，清洁机器；待炉体降温后，关闭上盖。

⑥ 不要用坚硬的东西清理机器表面，以免损坏保护层。

⑦ 使用完毕后，关闭总电源。

5) 电炸锅

① 将放油口关闭，最低油位要高过加热器 3 cm，最高油位在油锅深度 2/3 处。

② 加油时，要根据加工食物多少来确定油量。

③ 油炸时，严禁通电干烧。

④ 选择好食物所需要的温度，将机器设到自动挡处。

⑤ 操作过程中，必须有人在场值守。

⑥ 使用完毕后，必须待油温降低后才可以倒出食用油。

⑦ 清理锅内残留物，保持锅内清洁。

⑧ 清理完成后，将锅盖盖好，以免落入灰尘。

6) 电煎炉

① 使用前，先清理炉面卫生。

② 通电后，炉面加少量油后再使用。

③ 使用过程中，要不断清理机器表面及残留物。

④ 使用完毕后，关闭电源，擦干净机器。

7) 电煮炉

① 使用前，先加水加至 2/3 处，水面要盖过炉子加热器。

② 接通电源。

③ 使用过程中，必须有人在场值守。

④ 加热过程中，如果水已经沸腾，要及时调整温度或关闭温控器。

⑤ 使用完毕后，立刻关闭电源，待水温下降后再将水放掉。

⑥ 清理干净机器内部，将机器盖盖好。

8) 微波炉

① 将需加热的食物放入容器内，关闭炉门，接通电源。

② 要用专用容器存放，非专用容器容易造成微波炉损坏。

③ 微波炉上方严禁放置任何物品，以免影响散热，造成安全隐患。

④ 微波炉不能空转，没有专用容器严禁使用，以免对微波炉造成大的损坏；冷冻食品要先解冻再加热。

⑤ 根据食物设定所需时间，使用过程中要有人在场值守，发现问题马上关闭电源。

⑥ 要用玻璃器具做容器，不得使用金属器具。

⑦ 密封食物要先打开包装再加热。

⑧ 加热不当起火时，不需要开门，关闭电源即可。

⑨ 使用完毕后，关闭电源，再清扫残渣。

9）电磁炉

① 电磁炉切勿放置在不平稳的台面上。

② 切勿阻塞电磁炉的吸气口或排气口、避免炉内温度过高。

③ 切勿对空锅加热或过度加热。

④ 切勿将诸如刀、叉、勺子、锅盖与铝箔等金属物品放置在电磁炉顶板上，因为它们会受热传热，发生烫伤事故。

⑤ 切勿在盛放食物的状态下搬运电磁炉。

⑥ 切勿在四周空间不足的地方使用电磁炉，应使电磁炉的前部与左右两侧保持通风。

⑦ 切勿使金属丝和异物进入电磁炉的吸气或排气口的缝隙内。

⑧ 切勿使物品放置在电磁炉的顶板上，如顶板表面出现裂纹，应立即关掉电源，拔出插头并修理。

⑨ 炒菜锅等物品不要置于炉面上，以免下次使用时难以启动。

⑩ 使用完毕后，关闭电源。

⑪ 在确认不使用电磁炉时，关闭电源。

⑫ 操作过程中出现任何异常现象，应马上停止使用并关闭电源，通报上级主管处理，请专业人员维修。

10）开水器

① 上班开启，下班关闭。

② 开水器仅限员工使用。

11）蒸饭柜

① 通电前，检查水箱是否有水，进水浮球是否工作正常。

② 蒸制食物前，先检查好水源，然后再通电预热。待水箱里的水沸腾产生蒸汽后，关闭电源，缓缓打开门锁，让蒸饭柜内高温蒸汽泄压，然后再放入要蒸制的食物，关闭蒸饭柜门并锁紧，继续通电加热。

③ 待食物蒸熟后，先关闭电源（要根据食物是否需要焖制而定），再取出食物。此时，注意不可让身体正对蒸饭柜及门缝，应让身体侧对蒸饭柜门，避开门缝并尽可能远离蒸饭柜，缓缓打开门锁，让蒸饭柜内的高温蒸汽泄压后再取出食物，取出食物时建议戴手套或用夹子。

🔔 10.1.3 中餐厨房其他设备的使用方法

1）排烟机

① 每天在开灶前开启，关灶 30 分钟后关闭。

② 排烟机开启和关闭要由专人负责。开启时，手要保持干燥，按下启动按钮，运行指示灯亮正常；关闭时，电源指示灯亮正常。

③ 开启后，注意排烟机运转声音；若发现异常，马上停机并报修。

④ 关闭时，要确定排烟机已停止运行。

2）运水烟罩

① 每天在开灶前开启，关灶后关闭。

② 打开后，注意检查开水泵压力是否正常，水槽内是否正常喷水。如没有水喷出，要立即关闭报修。

③ 运行过程中，要注意观察设备运行情况，检查设备进水、出水、排水是否正常。若发现异常，要及时报修。

④ 每次出完菜后，要将运水烟罩关闭并断电。

3）真空机

① 使用前，检查机器密封条是否完好。

② 选择好需要的挡位、温度、时间。

③ 将包好的食物放入机器加热密封处，要放平、没有皱褶并固定好，用力按下机器顶盖即可。

④ 真空机在运行过程中，发现异常或异味要及时断电报修。

⑤ 每次使用时，为保证效果，最多放两袋食物。

⑥ 等真空密封完毕后，机器自动停止。

⑦ 机器用完后，关闭电源，清理干净。

4）分体式空调

① 使用前，先确定使用电压是否在铭牌标定电压的 ±10% 以内。

② 设定合理温度，夏天：（ 24 ± 2 ）℃；冬天：（ 26 ± 2 ）℃。

③ 出风格栅的方向要平吹或斜上吹，不可向下吹。

④ 空调要由指定人员管理操作，开启空调时，要关好门窗，防止能源浪费。

5）制冰机

① 每天上班开启，下班关闭。

② 运行过程中，要注意观察运行情况，发现异常及时断电报修。

③ 运行时，及时查看出冰是否正常，若有异常，及时断电报修。制冰机仅限员工使用，严禁客人使用。

④ 制冰机盖板应轻拿轻放。

⑤ 当出现异常噪声或控制异常时，应立即报修。

⑥ 设备故障或断电停止运转时，须等待 3 分钟后方可启动。

6）水龙头

① 水龙头为左热右冷。

② 开启时，轻关轻开。

③ 缓慢调取混合水，保证水温无突然变化。

7）洗碗机

① 通电前，检查机器内有无杂物。

② 通电后，看机器是否自动加水。

③ 机器加满水后，将自动加热。

④ 打开运输器开关，机器将进入运转状态。

⑤ 将装好的餐具筐子推入机器内，进入自动清洗程序。

⑥ 清洗过程中，要观察喷头喷水情况，查看喷水温度是否符合设定温度。

⑦ 餐具要分类摆放整齐，不能挤压。

⑧ 餐具出机后，根据需要来判断是否进行高温消毒。

⑨ 洗完后，将餐具筐子拉出，分类放好即可。

⑩ 机器用完毕后，要将水放掉，清理机器内外部残渣。

8）消毒柜

① 将洁净的餐具有序地放入层架上。餐具放入时，尽量控干水分。

② 餐具下方要有接水盘。

③ 餐具要分类存放，将电源调到自动位置即可。

④ 存放毛巾要拧干水分放入容器内，并根据需要设定好温度。

⑤ 如需保温，将开关调到保温挡即可。

【练习与思考】

1. 简述炉灶的使用方法。

2. 简述压面机的正确使用方法。

3. 分体式空调的使用步骤和注意事项有哪些？

项目11
中餐厨房常用设备的维护保养

　　正确使用厨房设备，是每个厨师必备的基本技能，设备能否良好运行直接影响厨房菜点的生产。由此可见，厨师不但要会使用设备，而且还要会保养设备，使设备处于最佳状态，这样不仅能提高劳动生产效率，还能延长设备的使用寿命，从而降低企业的成本。本项目学习常用厨房设备的保养和维护方法。

知识教学目标

◇ 了解加工设备的保养方法。

◇ 了解制冷设备的工作原理，学会冰箱、冷柜的保养。

◇ 掌握加热设备的保养方法。

能力培养目标

◇ 掌握设备维护技术，降低设备使用中的损耗，消除安全隐患。

◇ 学会对设备定期进行保养维护，延长设备的使用寿命。

职业情感目标

◇ 培养学生爱岗敬业的职业素养。

任务 1 　中餐厨房常用设备的维护保养

[案例导入]

基于厨房生产的需要，餐饮企业要购置必要的厨房设备。由于设备众多，资金投入大，通常占企业总投资的 25% ~ 35%。而厨房设备使用频率较高，磨损较严重，这就要求厨师掌握正确的设备使用方法和具备基本的设备保养能力，以延长设备的使用寿命，降低企业的成本。

[任务布置]

本次课的主要任务是使学生对厨房常用设备进行正确的使用和维护，并在实训室进行实践运用。

[任务实施]

11.1.1　设备管理维护的要求

酒店设备的安全运行离不开我们定期的检查、维护、保养。设备设施的维护、保养工作是酒店硬件管理中的重要内容。防重于治，做得好，可以减少设备的磨损、延长使用年限，降低维修费用，从而节约成本、更好地为宾客提供优质的基础服务，并为酒店和员工带来经济效益，提升酒店的整体形象。

日常维护保养工作主要以使用和操作人员为主。工程部应配合人事部门制订培训计划，有针对性地对使用和操作人员进行设备日常维护、操作技术（能）等方面的培训，还应配合使用部门制订正确的操作程序和保养内容，以不断提高使用部门对设备的正确使用和维护能力。重要设备的操作和维护程序，经过培训后，还要进行技能知识和保养知识的考核，合格者才能独立使用或操作该设备。

定期保养工作是工程部定期对设备进行的保养和检修工作，是工程部以"计划、制度"的形式下达的任务。定期维护针对的是酒店所有的机电设备。定期维护的间隔时间要根据该设备的工作、运行环境、使用频率和结构情况等来制订，参考该设备的系统情况和实际需要，科学地制订"月度保养""季度保养""年度保养"等的工作计划，检修和保养内容应逐层深入、全面具体。

11.1.2　加工设备的基本维护

1）和面机

① 每次使用完毕后，要清理干净机器内部及外部。

② 清理机器时，严禁用水冲洗机器，否则容易造成机器损坏。

③ 工程部每月要对机器机械部分进行检修，对齿轮箱进行检查，检查是否缺油，联动皮带是否松动，螺丝是否松动。

④ 每季度对电器部分进行检修，检查控制部分是否脱落、变色或损坏。

2）压面机

① 使用完毕后，要对滚轴等零部件进行清扫，使设备内部及外部都清洁、干净。

② 开机前，要加润滑油。

③ 每两个月对机器内部检查机器磨损情况，并加一次润滑油。

3）搅拌机

① 每次使用完毕后，应用软性清洁剂将搅拌器及搅拌桶清洗并擦干，严禁用水冲洗。

② 机器不使用时应断电，机器不能放置在潮湿的地方。

③ 每季度对机器内部进行保养检修。

4）打蛋机

① 每次使用完毕后，清扫容器及机器本身。

② 设备清理时，严禁用水冲洗，以免造成设备损伤。

③ 机器运行过程中，严禁换挡。

④ 每月对机器内部检查机器磨损情况，并加润滑油。

5）豆浆机

① 每次使用完毕后，要进行清洗，保持豆浆机内、外清洁。

② 发现运转声音异常，要及时断电报修。

③ 每季度对电机进行一次检测。

6）果汁机

① 每天保持机器清洁。

② 清理时，不能用水冲洗电机部位。

③ 清理时，要注意防护，以免利器划伤手。

④ 不能用硬物清洗机器，以免造成划痕而滋生细菌和机器损伤。

⑤ 每季度都要对电机进行维护。

11.1.3 冷藏设备的基本维护

1）冰箱的保养技巧

（1）定期清扫压缩机和冷凝器

压缩机和冷凝器是冰箱的重要制冷部件，如果沾上灰尘会导致零件使用寿命缩短、冰箱制冷和散热效果减弱，所以，要定期检查它们的清洁度。当然，使用平背设计的冰箱则不需要考虑这个问题。因为挂背式冰箱的冷凝器和压缩机都裸露在外面，极易沾上灰尘、蜘蛛网等。而平背式冰箱的冷凝器和压缩机都是内藏式的，不会出现以上情况。

（2）定期清洁冰箱内部

① 应定期对冰箱进行清洁（每周 1 次）。清洁冰箱时，先关闭电源，用软布蘸上清水或洗洁精，轻轻擦洗干净。

②为防止损坏冰箱外涂层和冰箱内塑料零件，请勿用洗衣粉、去污粉、滑石粉、碱性洗涤剂、开水、刷子等清洗冰箱。

③冰箱内附件肮脏积垢时，应拆下用清水或洗洁精清洗。

④清洁完毕后，将电源插头插好，检查温度控制器是否设定在正确位置。

⑤冰箱长时间不使用时，应拔下电源插头，将箱内擦拭干净。待箱内充分干燥后，将箱门关好。

2）冷藏展示柜

①保持展示柜干净、清洁，无异味。

②如果发现冷藏展示柜内壁有水珠，应及时擦拭干净以免滋生细菌。

③设备不能用水冲洗，要用干净的抹布清理，并把水擦拭干净。

④每月对控制机组、控制箱进行一次检查，检查接点、自动控制状态。

3）冷库

①每次存取物品时都要对冷库内外进行清理。

②每周对冷库进行大清扫，保障库内卫生，严禁用水冲洗库内，否则会造成库体损坏。

③冷库内货架要摆放整齐并保持干净卫生。随时观察库内结霜情况，结霜超过 1 cm 要进行除霜，一般采用自动除霜，严禁用硬物除霜以免成冷库损坏。

④夏季每月、冬季每季度对机组进行除尘，以保障制冷效率。

⑤每季度对自动控制机组进行检查。

🔔 11.1.4 加热设备的基本维护

1）蒸箱

①每天使用完毕后，要将蒸箱内的残渣清扫干净。

②使用完毕后，要将蒸箱内外擦拭干净。

③每天下班前，要检查气阀是否关闭。

④每两周排水、除垢一次。

⑤使用前，必须检查蒸箱水位。

⑥每周对蒸箱补水，并清理箱内油垢。

2）电烤箱

①每天使用完毕后，要用干布擦拭干净残渣。

②每天要保证箱体整洁干净。

③箱体位置要利于烤箱散热，靠墙距离不能小于 15 cm。

④烤箱内食物必须存放在容器内，不能直接放于烤箱内。

⑤每季度都应检查烤箱线路接点是否牢固、变色。

⑥每季度都应检查自动控制情况。

3）炉灶

①每天使用完毕后，清扫干净炉灶四周的残渣。

② 清理残渣时，严禁将残渣冲入下水道，以免造成下水道堵塞。

③ 清理残渣时，不能用水冲洗炉灶内部，以免造成炉堂爆裂，一旦有水进入煤气管道内容易造成管道锈蚀。

④ 人走火灭，防止火灾事故发生。

⑤ 下班后，检查总阀门。

4）电饼铛

① 每次使用完毕后，保持机器清洁干净。

② 清理卫生时，严禁用水冲洗，以免造成设备损坏。

③ 每季度对机器控制线路进行检查，保障线路不变色、不老化。

5）电炸锅

① 每天清扫，保持锅体清洁卫生。

② 锅体不能用水冲洗，要用干抹布擦拭干净。

③ 清理时，不要用硬物清理加热器，以免造成设备损坏而漏电，发生安全事故。

④ 每季度对加热器控制部分进行检查。

⑤ 随时检查加热器是否损坏、节点是否变色、线路是否变色、温度控制情况。

6）电煎炉

① 每次使用完毕后，要清理炉面残渣。

② 每季度对加热器进行检修。

③ 对控制线路检修，查看节点、电线有无变色。

7）电煮炉

① 每次使用完毕后，要清理干净炉内残渣。

② 每次清理时，用不含腐蚀性的清洁剂清理炉面，并用干毛巾擦拭开关控制器。

③ 定期对机器加热器进行除垢，以提高加热效率；对机器加热控制部分进行检修，查看加热器节点、线路变色情况。

8）微波炉

① 每次使用完毕后，清扫干净炉内外残渣。

② 清理转盘容器时，要等降温后再清理。

③ 不能用有腐蚀性的清洁剂清理。清理时，炉内油污一定要清理干净，以免影响菜品效果。

④ 微波炉不宜存放在高温或其他热源旁边。

9）开水器

① 每天上班前，清理干净开水器。

② 每天下班前，清理干净接水盘。

③ 每天下班后关闭电源。

④ 定期对开水器除垢。

10）蒸饭柜

① 应经常检查浮球阀进水是否正常，发现结垢或堵塞必须马上处理或报修，以免造成

蒸饭柜干烧损坏。

②每次使用完毕后，要根据水质情况并将水排掉，以防结垢或杂质将浮球或加热器损坏。

③每次使用完毕后，先关闭电源，再将机器内外擦拭干净。

④每次使用完毕后，要将密封条清理干净，以免滋生细菌。

⑤工程部应每半个月检查蒸饭柜结垢情况，每月检查加热器、控制开关接线情况。

⑥设备不用时，要关闭电源保养好再入库。

🔔 11.1.5　其他设备的基本维护

1）排烟机

①每周对风机清洗、除油一次。

②每天下班前对排烟机进行清洗，清除表面油垢。

③工程部每半年对排烟机内部和风机内部除一次油垢。

④工程部每月检修传动、联动、连接状况，检修电机接线、控制部分。

2）运水烟罩

①每天下班前，对机器表面和内部进行卫生清洁，保持机器整洁卫生。

②安排专人在每天下班后，对机器内部油垢进行清除。

③每月清洗一次排污槽。

④每天清洗一次顺水板。

⑤每半年清洗一次管道和喷嘴。

⑥严禁无人运行。

3）真空机

①每次使用前，检查密封、真空油、加热条继电器部分。

②每次使用完毕后，将机器内残渣清理干净。

③每次使用完毕后，清除加热条上的油垢并擦拭干净。

④每次使用完毕入库时，要通知工程部对设备进行全面维护保养。

4）分体式空调

①投入使用前，应彻底清扫，并检查一次机器内有无纸屑、灰尘。

②每月清洗一次室内机空气过滤器及冷凝器。

③每周清洗一次室内机壳、面板。

④长期不用时，要对空调进行干燥处理。处理方法：将遥控器设定在"暖风"位置，让风扇运转 3 ~ 4 个小时，然后关掉风机，断电。

⑤每月检查一次控制系统。

5）制冰机

①每周清洗一次散热器过滤网。

②每周检查一次供水管。

③每天下班后，将机器内外部擦拭干净，保持机身干净卫生，要用干净抹布擦拭机器，

严禁用沾有腐蚀性物质的抹布擦拭。

6）水龙头

① 每天清洗。

② 发现松动、漏水，应及时报修。

③ 用专用清洁剂清洗。

④ 每年清洗一次水龙头过滤网。

7）洗碗机

① 每天使用完毕后，要清理机器，保持机器内外部清洁卫生。

② 每季度对电气控制系统进行检修，检查控制节点。

③ 每季度对加热器进行除垢清洁，从而提高加热效率。

8）消毒柜

① 每次使用完毕后，要用干净抹布清洁干净，消毒柜内不能有水珠。

② 清洁时，要先断电。

③ 使用过程中，要有人值守，发现问题应及时关闭电源。

④ 需要消毒的器具及毛巾尽量控干水分，再放入容器内。

⑤ 要根据需要设定温度。

⑥ 消毒柜在进行消毒时，不能开柜门。

⑦ 每季度要对自动控制系统进行检查。

【练习与思考】

一、课后思考

1. 简述设备保养的重要性。

2. 简述常用厨房设备的使用方法及注意事项。

二、实践活动

以小组为单位到餐饮企业厨房考察，认识厨房设备，学习设备的使用方法，了解设备的保养措施，写一份实习报告。

模块 7
厨房安全管理

项目 12
厨房安全管理

　　厨房是餐厅最容易发生意外的地方，它的不安全因素主要来自主观和客观两方面：主观方面是员工思想上的麻痹，违反安全操作规程及管理混乱；客观方面是厨房本身工作环境较差，设备、器具繁杂集中，从而导致火灾、盗窃、扭伤、烫伤等安全事故。

知识教学目标

◇ 了解厨房安全管理制度。
◇ 掌握厨房用具、设备、燃气等方面的安全操作及管理。
◇ 学会处理及预防操作中发生的安全事故。
◇ 厨房安全事故的预防及事故发生后的应急处理。

能力培养目标

◇ 加强对厨房的安全管理。
◇ 能够正确使用各种用具及设备，防止事故发生。

职业情感目标

◇ 正确认识厨房安全的重要性，能克服主观麻痹意识，强化安全意识。
◇ 掌握各种厨房设备等科学的管理方法，加强工作程序的规范化、科学化。

任务1 液化气及炉具安全管理

[案例导入]

近些年各地发生的液化气爆炸事故，为厨房安全敲响了警钟。因此，厨房液化气及炉具的安全使用及管理不容忽视。掌握液化气及炉具的安全操作规范，在现代厨房中是重中之重。

[任务布置]

本次课的主要任务是掌握及了解液化气及炉具的安全操作及规范。

[任务实施]

液化气及炉具的安全操作

① 使用液化气及炉具时，应首先检查输气胶管接口是否完好、牢固。如果发现漏气，应停止使用并通知后勤部门处理。点燃炉具时，先点火后开气，切勿先开气后点火。使用中，做到人离气关；下班后，要关闭电器开关，关牢气阀，熄灭火种。

② 炉具使用期间，排风、排烟系统必须正常运行，以保证厨房区域无液化气残留，保持空气清新。暂时不使用液化气时，阀门必须关闭，并且要由专人保管，建立防火安全管理制度。

③ 开餐前，要清洗灶台、炊具油污，定时清洗厨房。热油开炸时，人不得离开炉头，要注意控制油温，防止油锅着火。

④ 调节风门时，需对火焰进行调节，使火焰呈蓝色。如果火焰发红和冒烟，说明进风量小，应调大风门；如果火焰发生回火，就要马上关闭开关，调小风门再点火，使燃烧火焰正常。

⑤ 液化气炉灶应在设计良好的厨房中使用，须远离易燃物品，并要求放置在不易燃烧的物体上，如水泥板、石板、铁板等。

⑥ 有的液化气炉灶使用时间长了，电打火不好用，如果用打火机等引火非常危险，不建议使用。如果必须要用，一定要把握好时机和距离。

⑦ 选择安全的液化气罐。现在很多液化气罐都比较陈旧，一般来说，液化气罐的寿命是8年，超年限使用，容易发生安全事故。而且液化气罐应每年检验，有问题就要更换。如果换新的液化气罐，一定要查看检验使用期限，并附上检验合格标志。

⑧ 点火时，应慢慢拧开炉灶出气开关，使用点火器点火；如使用火柴点火，应先将火柴接近炉灶出气嘴，再慢慢拧开开关。

⑨ 液化气输气管必须是金属管，不能使用塑料软管。装置在室内时，应距离电源线30 cm以上。

【练习与思考】

一、课后思考

1. 简述液化气的安全使用流程。
2. 使用液化气及炉具时，应注意哪些方面？

二、实践活动

以班为单位，到餐饮企业进行学习、参观，写一篇关于液化气及炉具安全操作的观后感。

任务 2　员工身体损伤与预防

[案例导入]

厨房常见安全事故有割伤、跌伤、撞伤、扭伤、烧伤、触电、火灾等。

[任务布置]

本次课的主要任务是掌握各种伤害的预防方法，避免自身受伤害，增强安全意识。

[任务实施]

12.2.1　烫伤及其预防

烫伤主要是员工在接触高温设备及用具时防护不当导致的。

主要的预防措施有：

①在烤、烧、蒸、煮等设备的周围预留足够的空间，以免因空间拥挤、不及避让而烫伤。

②在拿取温度较高的烤盘、铁锅等工具时，手上应戴上安全防具，如防烫手套等。同时，双手要清洁无油腻，以防打滑。

③在使用油锅或油炸炉时，特别是当油温较高时，不能有水滴入油锅，否则热油飞溅，极易烫伤相关人员；热油冷却时，应单独放置，并设有一定的安全警示标志。

④在炉灶上操作时，应注意炒锅、手勺、漏勺等用具的正确摆放，若摆放不当，极容易造成烫伤。

⑤在端离热锅时，要提醒其他员工注意避让，切勿碰撞。

⑥禁止在热源区域打闹。

12.2.2　扭伤、跌伤及其预防

厨房内存在地面潮湿、油腻，行走通道狭窄，搬运货物较重等，非常容易导致厨房工作人员扭伤或跌伤。

主要的预防措施有：

①工作区域（尤其是在炉灶操作区域）及地面要保持清洁、干燥。油、汤及水等洒在地面后，要立即清理干净。

②员工的工作鞋要有防滑功能，不得穿薄底鞋、已磨损的鞋、高跟鞋、拖鞋及凉鞋。穿上鞋后，不能露出脚趾及脚后跟，鞋带要系紧。

③所有的通道和工作区域不应设有障碍物，不要把较重的物品放在较高的位置，以免掉落伤人。

④厨房内员工来回行走的路线要明确，尽量避免交叉相撞等。

⑤搬运重物前，首先确定自己是否能搬动，如果搬不动应请人帮忙或使用搬运工具；在用力时，不要骤然猛举，最好使用腿部力量来支撑，防止扭伤。

⑥搬运时，要防止身体被挤伤或压伤。

12.2.3　割伤及其预防

割伤主要是使用刀具和电动设备不规范或不当造成的。

主要预防措施是：

① 在使用刀具或切割工具时，要集中注意力，姿势正确。刀具等切割工具应保持锋利，在实际操作中，钝刀更容易伤手。

② 操作时，不得用刀具指人或物品，不得将刀具随意摆放，更不能拿着刀具随意走动，禁止拿着刀具打闹，以免刀口伤人。

③ 不要将刀具放在工作台或砧板的边缘，以免滑落伤人。

④ 清洗刀具时，要一件件进行清洗，不能堆放清洗。

⑤ 在使用有危险的设备时，如绞肉机等，必须先弄清设备防护装置是否到位，在没有学会如何使用设备之前，不要随意操作。

⑥ 发现工作区域有暴露的铁脚皮、金属丝头或玻璃碎片等物品时，应立即清理，以免伤人。

【练习与思考】

1. 厨房伤害的预防措施有哪些?

2. 怎样避免在工作中受伤，并及时处理?

任务 3 电气设备事故、火灾的预防与灭火

[案例导入]

随着餐饮业的蓬勃发展，餐饮企业厨房用电和气量大增，油污积累过多，常年烟熏火燎，排烟管道壁累积一层厚厚的油垢，加上厨师在炒菜时喜欢用大火，温度一高，容易引燃排烟管道内壁的油垢，从而引发火灾，造成财产损失和人员伤亡。

[任务布置]

本次课的主要任务是对酒店厨房的电气设备事故进行了解并掌握预防措施和相关的知识，学会如何预防及处理厨房的火灾事故。

[任务实施]

12.3.1 电气设备事故与预防

员工违规操作或设备出现故障是引发电气设备事故的主要原因。

主要预防措施有：

① 使用电气设备前，首先要了解其安全操作规程，并按规程操作；如未掌握安全操作规程，不得擅自操作设备。

② 设备使用过程中，如发现冒烟、散发焦煳味或产生电火花等异常现象，应立即停止使用，关闭电源并上报维修。

③ 清洁设备前要关闭电源。当手上沾有油或水时，尽量不要去接触电源插头、开关等部件，以防触电。厨房员工不得随意拆卸、更换设备内的零部件和线路。

12.3.2 火灾的预防与灭火

厨房是经常用火的地方，自古以来便是"小心火烛"的重要部门。近年来，随着我国经济的发展，宾馆、饭店呈现出一派繁荣的景象。但是由于其经营水平高低不一，厨房设施和厨房环境存在差异，常常有液化气管道、柴油灶和天然气炉灶并存的情况。而且，厨房设施的不断更新，用火方式的不断变化，都增加了火灾发生的危险性。

主要预防措施有：

① 加强对厨房员工的消防安全教育，定期或不定期地对其进行培训，并制订相关的消防安全管理制度。

② 减少柴油等容易积累油污燃料的使用。厨房中的液化气罐应集中管理，距灯具或炉灶等热源要有足够的间距，以防高温引爆液化气罐，造成火灾。

③ 厨房内使用的电器开关、插座等，以封闭式为佳，防止水从外面渗入，并安装在远离天然气、液化气灶具的地方，以免开启时产生火花将外泄的天然气或液化气引燃，导致火灾发生。厨房内运行的各种设备不得超负荷用电，在使用过程中，应避免设备和线路受潮而

短路引发火灾。

灭火的方法有：断气灭火法，灭火断气法，综合灭火法，隔、堵灭火法，转、封闭灭火法等。

【练习与思考】

一、课后思考

1. 厨房电气设备管理的具体措施有哪些？
2. 影响厨房布局的因素有哪些？

二、实践活动

以班为单位，到消防队进行参观、学习，然后写一篇观后感。

参考文献

[1] 向跃进 . 餐厨管理 [M]. 重庆：重庆大学出版社，2014.

[2] 戴桂宝 . 现代餐饮管理 [M].2 版 . 北京：北京大学出版社，2012.

[3] 杨光瑶 . 餐饮企业绩效与薪酬管理全流程演练 [M]. 北京：中国铁道出版社，2020.

[4] 文敏 . 餐饮企业岗位・制度・流程・表格一本通 [M]. 北京：化学工业出版社，2018.

[5] 高尚 . 餐饮企业管理制度与工作流程完全手册 [M]. 北京：人民邮电出版社，2016.

[6] 姚儒国 . 餐饮企业立体运营实战 [M]. 广州：广东经济出版社，2018.

[7] 段仕洪 . 现代餐饮成本核算与控制 [M].2 版 . 上海：上海财经大学出版社，2016.